VERLAG ANTJE
KUNSTMANN

Pierre Bayard

WIE MAN ÜBER BÜCHER SPRICHT, DIE MAN NICHT GELESEN HAT

Aus dem Französischen
von Lis Künzli

Verlag Antje Kunstmann

TABELLE DER ABKÜRZUNGEN

op.cit.	opere citato, im angeführten Werk
ibid.	ibidem
UB	unbekanntes Buch
QB	quergelesenes Buch
EB	erwähntes Buch
VB	vergessenes Buch
++	sehr positive Einschätzung
+	positive Einschätzung
-	negative Einschätzung
–	sehr negative Einschätzung

INHALT

VORWORT

DA ICH IN EIN MILIEU HINEINGEBOREN WURDE, in dem kaum jemand las, da ich außerdem nur wenig für diese Beschäftigung übrig hatte und mir ohnehin die Zeit dafür fehlte, bin ich durch ein Zusammentreffen von Umständen, die das Leben so mit sich bringt, oft in heikle Situationen geraten, in denen ich mich gezwungen sah, über Bücher zu sprechen, die ich nicht gelesen hatte.

Als jemand, der an der Universität Literatur unterrichtet, kann ich mich der Verpflichtung, Bücher zu kommentieren, die ich in den meisten Fällen gar nicht aufgeschlagen habe, nur schwer entziehen. Das Gleiche trifft zwar auch für die Mehrheit meiner Studenten zu, doch es muss nur ein Einziger von ihnen den Text, über den ich rede, gelesen haben, schon hat das Auswirkungen auf meine Vorlesung, und ich kann von einem Moment auf den andern in Verlegenheit geraten.

Darüber hinaus bin ich im Rahmen meiner Bücher und Artikel, die sich im Wesentlichen auf die Bücher und Artikel anderer beziehen, regelmäßig gehalten, über Publikationen zu berichten. Das bringt noch mehr Probleme mit sich, da schriftliche Kommentare im Gegensatz zu mündlichen Äußerungen, die bedenkenlos Ungenauigkeiten aufweisen dürfen, Spuren hinterlassen und überprüft werden können.

Da solche Situationen für mich zum Alltag gehören, fühle ich mich einigermaßen in der Lage, vielleicht nicht unbedingt Lehren zu erteilen, aber doch wenigstens meine fundierte Erfahrung als Nichtleser weiterzugeben und damit eine Auseinandersetzung über ein Tabuthema in Gang zu bringen, die aufgrund der vielen ungeschriebenen Gesetze, die sie unweigerlich verletzt, bisher kaum möglich war.

★

Tatsächlich gehört ein gewisser Mut dazu, von solchen Erfahrungen zu berichten, und so ist es nicht verwunderlich, dass nur wenige Texte die Vorzüge des Nichtlesens rühmen. Denn dieses stößt auf eine ganze Reihe verinnerlichter gesellschaftlicher Zwänge, die verhindern, dass die Frage so schonungslos angegangen wird, wie ich es hier versuchen möchte. Mindestens drei davon sind entscheidend.

Den ersten dieser Zwänge könnte man als den Zwang zu lesen bezeichnen. Wir leben in einer – allerdings im Verschwinden begriffenen – Gesellschaft, in der die Lektüre noch immer Gegenstand einer Form von Sakralisierung ist. Diese Sakralisierung bezieht sich vorzugsweise auf eine bestimmte Anzahl kanonischer Texte – die Liste variiert je nach Milieu –, die nicht gelesen zu haben praktisch verboten ist, wenn man sich nicht blamieren will.

Den zweiten Zwang, eng mit dem ersten verbunden, aber doch von ihm unterschieden, könnten wir als die Verpflichtung bezeichnen, alles zu lesen. Wenn es verpönt ist, nicht zu lesen, so gilt es als fast ebenso anstößig, flüchtig oder quer zu lesen, und vor allem, das auch noch einzugestehen. Für einen Literaturprofessor ist es zum Beispiel undenkbar zuzugeben – auch wenn es für die meisten zutrifft –, dass er Prousts Werk nicht in seiner Gänze gelesen, sondern nur darin geblättert hat.

Der dritte Zwang betrifft das Reden über Bücher. Ein stillschweigendes Postulat unserer Kultur besagt, dass man ein Buch gelesen haben muss, um etwas darüber auszusagen. Nun aber ist es meiner Erfahrung nach absolut möglich, ein spannendes Gespräch über ein ungelesenes Buch zu führen, auch und vielleicht erst recht mit jemandem, der es ebenfalls nicht gelesen hat.

Mehr noch, es ist, wie sich im Laufe dieses Essays herausstellen wird, manchmal sogar wünschenswert, dass man ein Buch, über das man sich zutreffend äußern möchte, nicht vollständig gelesen, ja, es gar nicht erst aufgeschlagen hat. Ich kann gar nicht eindringlich genug auf die oft unterschätzten Risiken hinweisen, die mit dem Lesen verbunden sind, insbesondere für jemanden, der über ein Buch reden oder es sogar besprechen möchte.

*

Dieses Zwangssystem aus Pflichten und Verboten hat zu einer allgemeinen Scheinheiligkeit in Bezug auf die angeblich gelesenen Bücher geführt. Ich kenne nur wenige Bereiche des Privatlebens, von Geld und Sexualität einmal abgesehen, über die man so schwer verlässliche Informationen bekommt wie über Bücher.

In Fachkreisen ist das Lügen aufgrund der drei Zwänge, von denen ich eben sprach, allgemein verbreitet, was die Wichtigkeit bestätigt, die dem Buch in diesem Milieu zugemessen wird. Wenn ich auch selbst wenig gelesen habe, so kenne ich doch einige Bücher hinreichend – auch hier wieder denke ich an Proust –, um in Diskussionen mit meinen Kollegen einschätzen zu können, ob sie die Wahrheit sagen oder nicht, wenn sie über ihn reden, und auch, um zu wissen, dass dies nur selten der Fall ist.

Man belügt die anderen, aber auch und wahrscheinlich in erster Linie sich selbst, weil es manchmal äußerst schwerfällt, sich einzugestehen, dass man ein bestimmtes, in den Kreisen, in denen man verkehrt, als wesentlich eingestuftes Buch nicht gelesen hat. Und dementsprechend groß ist in diesem wie in vielen anderen Bereichen unsere Fähigkeit, die Vergangenheit unseren Wünschen entsprechend etwas zurechtzurücken.

Dieses allgemeine Lügen, sobald man über Bücher spricht, ist ein weiterer Aspekt des Tabus, das auf dem Nichtlesen lastet und mit Ängsten zu tun hat, die wahrscheinlich aus unserer Kindheit stammen. Es besteht kaum Hoffnung, unbeschadet aus Situationen dieser Art hervorzugehen, wenn man nicht das unbewusste Schuldgefühl analysiert, das mit dem Geständnis einhergeht, gewisse Bücher nicht gelesen zu haben. Dieser Essay möchte sich zur Aufgabe machen, unser Gewissen wenigstens etwas zu entlasten.

*

Das Nachdenken über nicht gelesene Bücher und die Gespräche, die sich daraus ergeben, gestalten sich umso schwieriger, als sich der Begriff des Nichtlesens nicht klar definieren lässt und es also gelegentlich gar nicht so einfach ist zu wissen, ob man mit der Behauptung, ein Buch gelesen zu haben, lügt oder die Wahrheit sagt. Denn dies würde voraussetzen, dass man klar zwischen Lesen und Nichtlesen unterscheiden kann, während sich doch zahlreiche Begegnungsformen mit Texten in Wirklichkeit in einem Zwischenbereich abspielen.

Zwischen einem aufmerksam gelesenen Buch und einem Buch, das man noch nie in der Hand gehabt hat, ja, von dem man noch nie gehört hat, gibt es zahlreiche Stufen, die sorgfältig zu untersuchen sind. Bei den angeblich gelesenen Büchern müssen wir uns fragen, was genau man unter Lektüre versteht, kann diese doch in Wirklichkeit sehr unterschiedliche Praktiken bezeichnen. Umgekehrt können viele dem Anschein nach nicht gelesene Bücher durch das Echo, das zu uns gelangt, spürbaren Einfluss auf uns ausüben.

Das Problem der Grenzziehung zwischen Lesen und Nichtlesen zwingt mich, etwas allgemeiner über die Formen unseres Umgangs mit Büchern nachzudenken. Mein Ziel ist im Folgenden nicht nur, Methoden zu entwickeln, mit denen schwierige Kommunikationssituationen vermieden werden können, sondern durch eine Analyse dieser Situationen zugleich die Elemente einer echten Theorie des Lesens auszuarbeiten – einer Theorie des Lesens, die ihr Augenmerk – entgegen dem Idealbild, das von dieser Tätigkeit kursiert – auf die Schwachstellen, Lücken und Ungenauigkeiten richtet, also auf seine Diskontinuität.

*

Diese wenigen Vorbemerkungen führen uns folgerichtig zum Aufbau dieses Essays. Ich werde in einem ersten Teil die Haupttypen des Nichtlesens darlegen, das sich also keineswegs auf die simple Tatsache beschränkt, die Buchdeckel geschlossen zu halten. Auch Bücher, die man quergelesen hat, Bücher, von denen man gehört oder die man vergessen hat, gehören, in unterschiedlichen Graden, zu dieser äußerst vielgestaltigen Kategorie des Nichtlesens.

Ein zweiter Teil ist der Analyse konkreter Situationen gewidmet, in denen von uns erwartet wird, über Bücher zu sprechen, die wir nicht gelesen haben. Wenn es hier auch nicht darum gehen kann, die vielen Möglichkeiten, mit denen das Leben uns so grausam konfrontiert, erschöpfend darzustellen, so will ich doch anhand einiger bezeichnender Beispiele – die gelegentlich in verdeckter Form meiner persönlichen Erfahrung entlehnt sind – Ähnlichkeiten aufdecken, auf die sich meine weiteren Ausführungen dann stützen können.

Der dritte und wichtigste Teil ist derjenige, der mich zum Schreiben dieses Essays angeregt hat. Er besteht aus einer Reihe einfacher Ratschläge, erworben im Laufe eines langen Lebens als Nichtleser. Mit diesen Ratschlägen möchte ich den Betroffenen helfen, so gut wie möglich mit diesem Kommunikationsproblem umzugehen – es sich vielleicht sogar zunutze zu machen – und dabei grundlegend über die Tätigkeit des Lesens nachzudenken.

*

Mit diesen Bemerkungen aber möchte ich nicht nur die allgemeine Struktur dieses Essays umreißen, sondern auch hellhörig machen für das eigenartige Verhältnis zur Wahrheit, das mit den Gesprächen über Bücher verbunden ist, und für den seltsamen Raum, den es eröffnet. Will man die Sache grundsätzlich angehen, so muss man, wie mir scheint, auch die Art und Weise ändern, wie über Bücher gesprochen wird, bis hin zu den Wörtern, die dabei verwendet werden.

Getreu der grundlegenden These dieses Essays, die besagt, dass der Begriff des gelesenen Buches mehrdeutig ist, werde ich von nun an in den Anmerkungen zu allen Büchern, die ich anführe oder kommentiere, in Abkürzungen auf den Grad der Kenntnis hinweisen, den ich persönlich von ihnen habe.[1] Diese Hinweise, die im Folgenden genauer erläutert werden, sollen die Literaturangaben ergänzen, die man gewöhnlich in Fußnoten antrifft und durch die der Autor auf die Bücher hinweist, die er angeblich gelesen hat (op.cit., ibid. usw.). Wie ich ausgehend von meiner persönlichen Erfahrung zeigen werde, sprechen wir sehr oft über Bücher, die wir nur schlecht kennen, und es heißt, mit einer falschen Vorstellung über das Lesen aufzuräumen, wenn wir jedes Mal angeben, was wir über sie wissen.

Die genannten Angaben werden durch weitere Abkürzungen ergänzt, die der Meinung Ausdruck geben sollen, die ich über die zitierten Bücher habe, ob ich sie nun in der Hand gehabt habe oder nicht.[2] Denn da ich davon ausgehe, dass die Einschätzung eines Buches seine vorherige Lektüre

1 Die vier benutzten Abkürzungen werden in den ersten vier Kapiteln weiter ausgeführt. UB bedeutet mir unbekannte Bücher, QB von mir quergelesene Bücher, EB Bücher, die man in meiner Anwesenheit erwähnt hat, VB Bücher, die ich vergessen habe (siehe Tabelle der Abkürzungen). Diese Kategorien schließen sich gegenseitig nicht aus. Die Angaben werden für jeden Titel und nur bei seiner ersten Erwähnung gemacht.

2 Die benutzten Abkürzungen sind: ++ (sehr positive Einschätzung), + (positive Einschätzung), – (negative Einschätzung) und – – (sehr negative Einschätzung). Siehe Tabelle der Abkürzungen.

nicht voraussetzt, sehe ich keinen Grund, mit meiner Meinung über die Bücher, die hier genannt werden, hinter dem Berg zu halten, auch wenn ich sie schlecht kenne oder noch nie von ihnen gehört habe.[3]

Dieses neue Anmerkungssystem - von dem ich hoffe, dass es sich eines Tages in weiteren Kreisen durchsetzen wird - hat zum Ziel, stets daran zu erinnern, dass unsere Beziehung zu Büchern kein kontinuierlicher, homogener Prozess ist, wie uns manche Kritiker glauben machen möchten, auch nicht der Ort einer luziden Kenntnis unserer selbst, sondern ein obskurer, von Bruchstücken der Erinnerung heimgesuchter Raum, dessen - auch schöpferischer - Reiz mit den nebelhaften Phantomen zusammenhängt, die darin umgehen.

3 Halten wir fest, dass dieses Anmerkungssystem trotz nicht vorhandener Anmerkungen wie GB (gelesenes Buch) und NGB (nicht gelesenes Buch) - die man eigentlich erwarten könnte, die aber nie verwendet werden - nichts an Aussagekraft verliert. Tatsächlich richtet sich dieses Buch weitgehend gegen diese Art künstlicher Unterscheidung, die ein Bild des Lesens befördert, das es schwierig macht, es so zu denken, wie wir es wirklich erleben.

ARTEN DES NICHTLESENS

Erstes Kapitel

BÜCHER, DIE MAN NICHT KENNT

in dem der Leser sehen wird, dass es nicht so sehr darauf ankommt, ein bestimmtes Buch zu lesen, was reiner Zeitverlust wäre, sondern darauf, über die Gesamtheit der Bücher das zu haben, was eine Figur Musils den »Überblick« nennt.

Es gibt mehrere Arten des Nichtlesens. Die radikalste von ihnen besteht darin, überhaupt kein Buch aufzuschlagen. Ein solch absoluter Verzicht betrifft für jeden auch noch so eifrigen Leser im Grunde nahezu die Gesamtheit aller Publikationen und macht somit unsere Hauptbeziehung zum Geschriebenen aus. Denn man darf nicht vergessen, dass selbst ein passionierter Leser immer nur Zugang zu einem winzigen Teil aller existierenden Bücher hat. Und sich daher, will er nicht ganz auf jede Form von Reden und Schreiben verzichten, permanent gezwungen sieht, sich über Bücher zu äußern, die er nicht gelesen hat.

Treibt man diese Haltung auf die Spitze, so landen wir beim absoluten Nichtleser, der nie ein einziges Buch aufschlägt, es sich aber deswegen nicht nehmen lässt, sie zu kennen und über sie zu reden. Genau dies ist der Fall des Bibliothekars aus Musils *Der Mann ohne Eigenschaften*[1], einer

1 UB und EB ++

Nebenfigur des Romans, die aber durch die Radikalität ihrer Position und die Unerschrockenheit, mit der sie sie theoretisch unterlegt, für unser Thema wesentlich ist.

*

Musils Roman spielt zu Beginn des letzten Jahrhunderts in einem Land namens Kakanien – eine humoristische Umsetzung des österreichisch-ungarischen Reichs. Dort wird die »Parallelaktion« gegründet, eine »vaterländische Bewegung«, die den bevorstehenden Geburtstag des Kaisers würdig begehen und die Feier gleichzeitig dazu nutzen soll, der restlichen Welt ein erlösendes Vorbild zu geben.

Die Verantwortlichen dieser Parallelaktion, von Musil als lächerliche Hampelmänner dargestellt, sind also alle auf der Suche nach einem »erlösenden Gedanken«, den sie unablässig in einem Stil heraufbeschwören, der umso vager bleibt, als sie nicht die leiseste Ahnung haben, wie er aussehen könnte, noch was ihn auszeichnen soll, außerhalb des Landes eine Heilsfunktion auszuüben.

Eine der lächerlichsten Figuren unter den Initiatoren der Parallelaktion ist General Stumm. Dieser hat sich vorgenommen, den erlösenden Gedanken vor allen anderen zu finden und ihn der Frau, die er liebt, zu schenken, Diotima, eine weitere Persönlichkeit im Umfeld der Parallelaktion:

»›Du erinnerst Dich‹, sagte er, ›daß ich mir in den Kopf gesetzt habe, den erlösenden Gedanken, den Diotima sucht, ihr zu Füßen zu legen. Es gibt, wie sich zeigt, sehr viele bedeutende Gedanken, aber einer muß schließlich der bedeutendste sein; das ist doch nur logisch? Es handelt sich also bloß darum, Ordnung in sie zu bringen.‹«[2]

Wenig vertraut mit Gedanken und ihrer Handhabung, noch weniger mit der Technik, neue zu entwickeln, beschließt der General, sich in die Hofbibliothek zu begeben, ein grundsätzlich idealer Ort, um sich mit ungewöhnlichen Gedanken auszustatten, wo er sich »über die Stärke des Gegners Klarheit zu verschaffen« und auf eine möglichst organisierte Weise zu der originellen Idee zu gelangen hofft, nach der er sucht.

★

Der Besuch in der Bibliothek jedoch versetzt den General, der unter Büchern nicht zu Hause ist, in große Angst, da er mit einem Wissen konfrontiert wird, das ihm keinerlei Orientierung bietet und über das er nicht die vollständige Befehlsgewalt hat, die er als Militär gewohnt ist:

»Wir sind den kolossalen Bücherschatz abgeschritten, und ich kann sagen, es hat mich weiter nicht erschüttert, diese Bücherreihen sind nicht schlimmer als eine Garnisonsparade. Nur habe ich nach einer Weile anfangen müssen, im Kopf zu rechnen, und das hatte ein unerwartetes Ergebnis. Siehst du, ich hatte mir vorher gedacht, wenn ich jeden Tag da ein Buch lese, so müßte das zwar sehr anstrengend sein, aber irgendwann müßte ich damit zu Ende kommen und dürfte dann eine

2 Robert Musil, *Der Mann ohne Eigenschaften.* Neu durchgesehene und verbesserte Auflage, Reinbek bei Hamburg 1981, Band I, S. 459

gewisse Position im Geistesleben beanspruchen, selbst wenn ich ein oder das andere auslasse. Aber was glaubst du, antwortet mir der Bibliothekar, wie unser Spaziergang kein Ende nimmt und ich ihn frage, wieviel Bände denn eigentlich diese verrückte Bibliothek enthält? Dreieinhalb Millionen Bände, antwortet er!! Wir sind da, wie er das sagte, ungefähr beim siebenhunderttausendsten Buch gewesen, aber ich habe von dem Augenblick an ununterbrochen gerechnet; – ich will es dir ersparen, ich habe es im Ministerium noch einmal mit Bleistift und Papier nachgerechnet: Zehntausend Jahre würde ich auf diese Weise gebraucht haben, um mich mit meinem Vorsatz durchzusetzen!«[3]

Von dieser Konfrontation mit der Unendlichkeit der Lektüremöglichkeiten ist es nicht mehr weit bis zu dem Gedanken der Ermutigung zum Nichtlesen. Denn wie sollte man angesichts der unermesslichen Zahl von veröffentlichten Büchern nicht zum Schluss kommen, dass jedes Leseunterfangen, selbst wenn es auf ein ganzes Leben verteilt wird, vergebliche Liebesmüh ist im Hinblick auf all die Bücher, die für immer unbeachtet bleiben müssen?

Lesen bedeutet in erster Linie nicht lesen, und selbst bei den großen Lesern, die ihr ganzes Leben dieser Tätigkeit verschrieben haben, verbirgt die Geste des Ergreifens und Öffnens eines Buches stets die ihr entgegengesetzte, die darin enthalten ist und demzufolge unbemerkt bleibt: die unfreiwillige Geste des Nichtergreifens oder Zuklappens

3 Ibid., S. 460

sämtlicher Bücher, die bei einer anderen Organisation der Welt an die Stelle des glücklich auserwählten hätten treten können.

★

Der Mann ohne Eigenschaften greift zwar das alte Problem von Kultur und Unendlichkeit auf, doch stellt er auch eine mögliche Lösung vor, jene nämlich, die sich General Stumms Bibliothekar zu eigen macht. Denn dieser hat ein Mittel gefunden, sich, wenn auch nicht unter sämtlichen Büchern der Welt, so doch zumindest unter den Millionen von Büchern seiner Bibliothek zurechtzufinden. Seine Methode, die von großer Schlichtheit ist, ist ebenso einfach in der Anwendung:

> »Wie ich ihn nicht gleich loslasse, richtet er sich plötzlich auf, er ist förmlich aus seinen schwankenden Hosen herausgewachsen, und sagt mit einer Stimme, die jedes Wort bedeutungsvoll gedehnt hat, als ob er jetzt das Geheimnis dieser Wände aussprechen müßte: ›Herr General‹, sagt er, ›Sie wollen wissen, wieso ich jedes Buch kenne? Das kann ich Ihnen nun allerdings sagen: Weil ich keines lese!‹«[4]

Daher die Überraschung des Generals, als er mit diesem ziemlich speziellen Bibliothekar konfrontiert wird, der sorgsam darauf achtet, nichts zu lesen, und zwar nicht etwa aus Ignoranz, sondern im Gegenteil, um seine Bücher besser zu kennen:

4 Ibid., S. 462

»Weißt du, das war mir nun beinah wirklich zuviel! Aber er hat es mir, wie er meine Bestürzung gesehen hat, auseinandergesetzt. Es ist das Geheimnis aller guten Bibliothekare, dass sie von der ihnen anvertrauten Literatur niemals mehr als die Büchertitel und das Inhaltsverzeichnis lesen. ›Wer sich auf den Inhalt einlässt, ist als Bibliothekar verloren!‹ hat er mich belehrt. ›Er wird niemals einen Überblick gewinnen!‹

Ich frage ihn atemlos: ›Sie lesen also niemals eines von den Büchern?‹

›Nie; mit Ausnahme der Kataloge.‹

›Aber Sie sind doch Doktor?‹

›Gewiß. Sogar Universitätsdozent; Privatdozent für Bibliothekswesen. Die Bibliothekswissenschaft ist eine Wissenschaft auch allein und für sich‹, erklärte er. ›Wieviele Systeme, glauben Sie, Herr General‹, frägt er, ›gibt es, nach denen man Bücher aufstellt, konserviert, ihre Titel ordnet, die Druckfehler und falschen Angaben auf ihren Titelseiten richtig stellt uns so weiter?‹«[5]

Musils Bibliothekar hütet sich streng davor, sich in die Bücher zu vertiefen, doch steht er ihnen keineswegs, wie vielleicht anzunehmen wäre, gleichgültig und schon gar nicht feindselig gegenüber. Es ist ganz im Gegenteil seine Liebe zu den Büchern – allerdings zu allen Büchern –, die ihn veranlasst, sich wohlweislich an der Peripherie aufzuhalten, aus Angst, ein allzu ausgeprägtes Interesse für eines unter ihnen könnte die Vernachlässigung der anderen zur Folge haben.

*

5 Ibid., S. 462

Wenn Musils Bibliothekar mir weise erscheint, dann durch diese Vorstellung des »Überblicks«, und ich bin versucht, seine Ansichten über die Bibliotheken auf die gesamte Kultur anzuwenden: Wer seine Nase in die Bücher steckt, ist für die Kultur verloren, sogar für das Lesen. Denn bei der immensen Anzahl aller existierenden Werke muss notgedrungen eine Entscheidung getroffen werden zwischen dieser Gesamtsicht und dem einzelnen Buch, und jedes Lesen bedeutet angesichts des schwierigen und zeitraubenden Versuchs, das Ganze in den Griff zu bekommen, einen Energieverlust.

Die Weisheit dieser Haltung liegt in erster Linie in der Bedeutung, die sie dem Gedanken der Gesamtheit einräumt, weil sie damit zu verstehen gibt, dass die wahre Bildung so umfassend wie möglich sein muss und sich nicht auf das Anhäufen von Einzelwissen beschränken darf. Und darüber hinaus führt die Suche nach dieser Ganzheit zu einem anderen Blick auf das einzelne Buch, denn man lässt dabei dessen Individualität hinter sich, um sich für die Beziehungen zu interessieren, die es zu den anderen unterhält.

Und genau diese Beziehungen muss der wahre Leser zu erfassen suchen, wie es Musils Bibliothekar richtig verstanden hat. So interessiert er sich wie viele seiner Berufskollegen weniger für die Bücher als für die Bücher über die Bücher:

> »... ich sage noch etwas von etwas wie von Eisenbahnfahrplänen, die es gestatten müssen, zwischen den Gedanken jede beliebige Verbindung und jeden Anschluß herzustellen, da wird er geradezu unheimlich höflich und bietet mir an, mich ins Katalogzimmer zu führen und

> dort allein zu lassen, obgleich das eigentlich verboten ist, weil es nur von den Bibliothekaren benützt werden darf. Da war ich dann also wirklich im Allerheiligsten der Bibliothek. Ich kann dir sagen, ich habe die Empfindung gehabt, in das Innere eines Schädels eingetreten zu sein; rings herum nichts wie diese Regale mit ihren Bücherzellen, und überall Leitern zum Herumsteigen, und auf den Gestellen und den Tischen nichts wie Kataloge und Bibliographien, so der ganze Succus des Wissens, und nirgends ein vernünftiges Buch zum Lesen, sondern nur Bücher über Bücher …«[6]

Verbindungen und Anschlüsse, das muss der gebildete Mensch zu begreifen suchen, und nicht das eine oder andere Buch im Besonderen, so wie ein Verantwortlicher des Schienenverkehrs auf die Zugverbindungen achten muss, das heißt auf die Kreuzungspunkte und Anschlüsse, und nicht auf den Inhalt des einen oder anderen Waggons. Mit dem Bild des Schädels wird diese Theorie, nach der im Bereich der Kultur die Beziehungen unter den Gedanken wichtiger sind als die Gedanken selbst, noch weiter verdeutlicht.

Natürlich ist die Behauptung des Bibliothekars, kein einziges Buch zu lesen, mit Vorsicht zu genießen, denn schließlich interessiert er sich sehr genau für die Bücher über die Bücher, für die Kataloge. Diese aber haben einen ganz besonderen Status und sind eigentlich nicht viel mehr als Listen. Doch sie haben das Verdienst, diese Beziehung zwischen den Büchern visuell zu veranschaulichen, für die jeder

6 Ibid., S. 461

empfänglich sein muss, der, gerade weil er sie leidenschaftlich liebt, in der Lage sein möchte, gleichzeitig eine große Anzahl von ihnen in den Griff zu bekommen.

★

Dieser Gedanke des »Überblicks«, der dem Vorgehen des Bibliothekars zugrunde liegt, ist von großer praktischer Bedeutung, denn seine intuitive Erkenntnis ist es, die einigen Privilegierten die Mittel in die Hand gibt, sich relativ unbeschadet aus der Affäre zu ziehen, wenn sie in bestimmten Situationen auf frischer Tat der Unwissenheit überführt werden könnten.

Die Gebildeten wissen es – vor allem aber wissen es die Ungebildeten zu ihrem Unglück nicht –, dass Bildung in erster Linie eine Sache der *Orientierung* ist. Gebildet zu sein bedeutet nicht, das eine oder andere Buch gelesen zu haben, es bedeutet, sich in der Ganzheit aller Bücher zurechtzufinden, also als Erstes zu wissen, dass sie eine Ganzheit bilden, und dann in der Lage zu sein, jedes einzelne Element im Zusammenhang mit den anderen einzuordnen. Auf das Innere kommt es hier weniger an als auf das Äußere, oder, wenn man will, das Innen eines Buches ist sein Außen, da es bei jedem Buch auf die Bücher neben ihm ankommt.

Daher ist es für einen gebildeten Menschen unwichtig, ob er ein bestimmtes Buch gelesen hat oder nicht, da er, auch ohne über seinen *Inhalt* genau unterrichtet zu sein, oft fähig ist, seine *Stellung* zu erfassen, das heißt die Art und Weise, wie es sich im Verhältnis zu den andern situiert. Diese Unterscheidung zwischen Inhalt eines Buches und seiner Stellung ist ganz entscheidend, ist sie es doch, die es jemandem, den

Bildung nicht schreckt, erlaubt, sich problemlos zu jedem beliebigen Thema zu äußern.

So habe ich zum Beispiel den *Ulysses*[7] von Joyce nie »gelesen« und werde ihn wahrscheinlich auch nie lesen. Der »Inhalt« des Buches ist mir also weitgehend unbekannt. Sein Inhalt, nicht aber seine Stellung. Nun aber ist der Inhalt eines Buches weitgehend seine Stellung. Damit meine ich, dass ich durchaus nicht dumm dastehe, wenn in einem Gespräch die Rede auf *Ulysses* kommt, da ich in der Lage bin, ihn mit relativer Präzision in Bezug auf die anderen Bücher einzuordnen. So weiß ich, dass es sich dabei um eine Wiederaufnahme der *Odyssee*[8] handelt, dass er dem Stil des Bewusstseinsstroms verpflichtet ist, dass seine Handlung an einem einzigen Tag in Dublin spielt usw. Und so kann es geschehen, dass ich in meinen Vorlesungen, ohne mit der Wimper zu zucken, auf Joyce verweise.

Mehr noch, wie wir weiter unten bei der Analyse der Machtverhältnisse sehen werden, die beim Sprechen über unsere Lektüre im Spiel sind, sehe ich mich durchaus in der Lage, ohne jede Scham über mein Nichtlesen von Joyce zu reden. Tatsächlich besteht meine geistige Bibliothek eines Intellektuellen wie jede andere aus Löchern und Lücken, was aber im Grunde keine Bedeutung hat, da sie so ausreichend bestückt ist, dass eine bestimmte leere Stelle nicht auffällt, geht doch jeder Diskurs ohnehin sehr schnell von einem Buch zum nächsten über.

Die meisten Gespräche über ein Buch haben, auch wenn es anders scheinen mag, weniger mit ihm selbst als mit einem

7 EB ++
8 UB und EB ++

weit größeren Ganzen zu tun, mit der Gesamtheit aller wichtigen Bücher, auf der eine bestimmte Kultur zu einem bestimmten Zeitpunkt beruht. Diese Gesamtheit werde ich von nun an *kollektive Bibliothek* nennen, und auf sie kommt es in Wirklichkeit an, denn ihre Beherrschung ist in einem Gespräch über Bücher gefragt. Diese Beherrschung aber ist eine Beherrschung der Beziehungen und nicht eines bestimmten isolierten Elements und verträgt sich wunderbar mit dem Unwissen über einen bestimmten Teil des Ganzen.

Somit hört ein Buch, sobald es in unser Wahrnehmungsfeld tritt, auf, unbekannt zu sein, und nichts über es zu wissen bedeutet absolut kein Hindernis, von ihm zu träumen oder zu reden. Noch bevor ein gebildeter, neugieriger Mensch ein Buch aufgeschlagen hat, kann schon sein Titel oder ein kurzer Blick auf den Umschlag eine Reihe von Bildern und Eindrücken bei ihm hervorrufen, die nur darauf warten, in eine erste Meinung verwandelt zu werden, die noch befördert wird durch die Vorstellung, welche die Allgemeinbildung über das Ganze der Bücher bietet. So kann eine noch so flüchtige Begegnung mit einem von ihnen, selbst wenn er es nie aufschlagen wird, für den Nichtleser der Anfang einer authentischen persönlichen Annäherung sein – und gibt es nicht unter Umständen unbekannte Bücher, die diesen Status bereits bei der ersten Begegnung verlieren?

*

Das Besondere am Nichtlesen von Musils Bibliothekar besteht im Grunde darin, dass seine Haltung nicht passiv, sondern aktiv ist. Zahlreiche gebildete Menschen sind Nichtleser, und umgekehrt sind zahlreiche Nichtleser gebildete

Menschen, da das Nichtlesen nicht einfach die Abwesenheit des Lesens bedeutet. Es stellt eine aktive Tätigkeit dar, die darin besteht, sich in Bezug auf die Unermesslichkeit der Bücher zu organisieren, um sich nicht von ihnen überwältigen zu lassen. In diesem Sinne verdient das Nichtlesen verteidigt und gar unterrichtet zu werden.

Nun gleicht nichts, zumindest für ein ungeübtes Auge, dem Ausbleiben des Lesens mehr als das Nichtlesen, und niemand scheint jemandem, der nicht liest, näher als jemand, der nicht liest. Beobachtet man aber das Verhalten der beiden Personen einem Buch gegenüber, so gibt es über die Unterschiedlichkeit der jeweiligen Haltungen und Motive, die ihnen zugrunde liegen, keine Zweifel.

Im ersten Fall interessiert sich die nicht lesende Person nicht für das Buch, wobei hier »Buch« gleichzeitig als Inhalt und als Stellung zu verstehen ist. Die Beziehungen, die es zu den andern unterhält, sind ihm genauso gleichgültig wie sein Gegenstand, und die Angst, er könnte, wenn er sich für ein einziges interessiert, den Eindruck erwecken, die andern gering zu schätzen, ist ihm unbekannt.

Im zweiten Fall verzichtet die nicht lesende Person nur deshalb auf die Lektüre, um wie Musils Bibliothekar das Wesentliche des Buches zu erfassen, nämlich seine Stellung in Bezug zu den anderen. Damit bekundet sie nicht etwa mangelndes Interesse am Buch, ganz im Gegenteil. Gerade das Wissen um die enge Verknüpfung zwischen Inhalt und Stellung veranlasst sie zu diesem Vorgehen, das von einer Weisheit zeugt, die er so manchem Leser voraus hat, und das bei genauerem Nachdenken vielleicht sogar von mehr Respekt dem Buch gegenüber zeugt.

Zweites Kapitel

BÜCHER, DIE MAN QUERGELESEN HAT

in dem wir mit Valéry erkennen, dass es reicht, ein Buch querzulesen, um ihm einen ganzen Artikel zu widmen, und dass es bei manchen Büchern geradezu unziemlich wäre, anders vorzugehen.

DER GEDANKE DES »ÜBERBLICKS« beschränkt sich nicht auf die Stellung des Buches innerhalb der kollektiven Bibliothek. Er gilt genauso für die Situierung eines einzelnen Abschnitts innerhalb eines ganzen Buches. Die Fähigkeiten der Orientierung, die ein gebildeter Leser in Bezug auf die Zusammensetzung der Bibliothek im Allgemeinen zu entwickeln weiß, sind ebenfalls gefragt, wenn es um das Innere eines einzelnen Bandes geht. Gebildet sein heißt fähig sein, sich rasch in einem Buch zurechtzufinden, und das bedeutet nicht, dass man das ganze Buch lesen muss, ganz im Gegenteil. Man könnte sogar sagen, je größer diese Fähigkeit ist, umso weniger ist es nötig, ein bestimmtes Buch zu lesen.

Die Haltung von Musils Bibliothekar stellt einen Extremfall dar, der selbst unter den erklärten Lesemuffeln nur Seltenheitswert hat, da es außerordentlich schwierig ist, nie zu lesen. Schon verbreiteter ist der Fall des Lesers, der nicht ganz auf Bücher verzichten will, sich jedoch mit dem Querlesen zufriedengibt. Musils Held befindet sich übrigens in einer zweideutigen Position, da er sich zwar einerseits, wie wir gesehen haben, davor hütet, die Bücher zu öffnen, sich aber doch für die Titel und Inhaltsangaben interessiert und so, ob er will oder nicht, eine erste Annäherung ans Werk andeutet.

Dass wir Bücher überfliegen, ohne sie wirklich zu lesen, hindert uns keineswegs daran, sie zu kommentieren. Unter Umständen ist dies sogar die effizienteste Art, sie sich anzueignen, weil man so ihr tiefes Wesen und ihre Möglichkeiten der Bereicherung respektiert, ohne sich in Einzelheiten zu verlieren. Dies jedenfalls ist die Meinung – und entschiedene Praxis – des Meisters im Nichtlesen, Paul Valéry.

⋆

In der Galerie der Schriftsteller, die vor den Risiken des Lesens gewarnt haben, nimmt Valéry eine Vorzugsstellung ein, ist doch ein Teil seines Werkes nichts anderes als eine scharfe Anprangerung der Gefahren genau dieser Tätigkeit. So lebt Monsieur Teste, ein Held ganz im Sinne Valérys, in einer Wohnung, in der kein einziges Buch steht, und wir dürfen davon ausgehen, dass er in diesem wie in vielen anderen Punkten dem Schriftsteller, der aus seiner Lesefaulheit keinen Hehl macht, als Vorbild dient: »Ich hatte erst eine Abneigung gegen das Lesen und meine Lieblingsbücher an meine Freunden verteilt. Später, nach der kritischen Zeit, musste ich sogar einige Bücher neu erwerben. Aber ich bin noch immer kein großer Leser, suche ich doch in einem Werk stets nur nach dem, was meine eigene Tätigkeit im einen oder anderen Sinne befördern kann.«[1]

1 Paul Valéry, *Œuvres* I, QB +, Paris 1957, S. 1479

Dieses Misstrauen gegenüber Büchern betrifft als Erstes die Biografie. Valéry hat sich innerhalb der Literaturkritik dadurch einen Namen gemacht, dass er die Notwendigkeit der gewöhnlich aufgestellten Beziehung zwischen Werk und Autor in Zweifel zog. Tatsächlich herrschte im neunzehnten Jahrhundert die Meinung vor, dass die Kenntnis des Autors jene des Werks begünstige und man also so viele Informationen wie möglich über ihn zusammentragen solle.

Valéry, der mit dieser Tradition in der Kritik bricht, vertritt die Ansicht, dass der Autor allem Anschein zum Trotz das Werk nicht erklären kann. Dieses ist das Produkt eines schöpferischen Prozesses, der sich zwar in ihm abspielt, ihn aber übersteigt und sich nicht auf ihn reduzieren lässt. Es ist also, um ein Werk zu verstehen, absolut sinnlos, Erkundigungen über den Autor einzuholen, da dieser bestenfalls eine Durchgangsstation ist.

Valéry ist zu seiner Zeit keineswegs der Einzige, der für die Trennung zwischen Werk und Autor plädiert. In *Gegen Saint-Beuve*[2] verficht Proust die Theorie, nach der das literarische Werk das Produkt eines Ich ist, das sich von der Person, die wir kennen, unterscheidet, und er illustriert diesen Gedanken in der *Suche nach der verlorenen Zeit*[3] mit der Figur des Bergotte. Damit aber nicht genug, verbannt Valéry nicht nur den Autor aus dem Feld der Literaturkritik, sondern entledigt sich bei dieser Gelegenheit auch gleich noch des Textes.

★

2 EB +
3 UB und EB ++

Dass Valéry wenig – oder manchmal auch gar nicht – liest, hindert ihn nicht daran, eine dezidierte Meinung über die Autoren zu haben, die er nicht kennt, und sich ausführlich über sie zu äußern.

Valéry hat also Proust genauso wenig gelesen wie die meisten anderen, die über ihn reden. Doch im Gegensatz zu so vielen lässt er sich dadurch nicht aufhalten, sondern gesteht es mit ruhigem Zynismus ein, und so beginnt seine Hommage an Proust in der *Nouvelle Revue Française* vom Januar 1923, kurz nach dem Tod des Schriftstellers, mit folgenden Worten:

> »Obwohl ich kaum einen einzigen Band des großen Werks von Marcel Proust kenne und die Kunst des Romanciers mir eine fast unbegreifliche Kunst ist, weiß ich doch immerhin durch das wenige aus der *Recherche du temps perdu*, das ich Muße zu lesen hatte, was für ein außerordentlicher Verlust der Literatur widerfahren ist; und nicht nur der Literatur, sondern mehr noch der geheimen Gesellschaft, welche in jeder Epoche die bilden, die der Literatur ihren wahren Wert geben.«[4]

Doch es kommt gleich noch schlimmer, denn als Rechtfertigung dafür, dass er den Autor, von dem er spricht, nicht kennt, versteckt er sich hinter den positiven, vor allem aber übereinstimmenden Meinungen André Gides und Daudets:

> »Um gegen jeden Zweifel sicher zu sein, hätte es mir im übrigen, selbst ohne eine Zeile dieses umfangreichen

4 PAUL VALÉRY, *Werke*, Frankfurter Ausgabe in 7 Bänden, Band 3, *Zur Literatur*, 1989, S. 421

Werks gelesen zu haben, genügt, über seine Bedeutung so ungleiche Geister wie Gide und Léon Daudet einig zu finden; ein so seltenes Zusammentreffen kann nur in nächster Nähe der Gewißheit stattfinden. Wir können beruhigt sein: die Sonne scheint, wenn beide doch es zugleich verkünden.«[5]

So ist also die Meinung anderer entscheidend, um seine eigene Ansicht zu formulieren, ja, man kann sich sogar vollständig auf sie stützen, sodass man – nehmen wir an, das ist für Valéry der Fall – keine einzige Zeile des Textes gelesen haben muss. Das Dumme an diesem blinden Vertrauen in andere Leser ist nur, wie er unumwunden eingesteht, dass es schwierig ist, im Kommentar durch Genauigkeit zu glänzen:

»Andere werden genau und gründlich über ein so starkes und feinsinniges Werk sprechen. Wieder andere werden darstellen, was der Mensch war, der es schuf und zum Ruhm brachte; vor vielen Jahren habe ich es nur gerade eben eingesehen. Ich kann hier nur eine Meinung ohne Kraft und beinahe unwürdig, geschrieben zu werden, vortragen. Es ist nur eine Ehrung, eine vergängliche Blume auf einem Grab, das dauert.«[6]

Sieht man über Valérys Zynismus hinweg und trägt stattdessen seiner Ernsthaftigkeit Rechnung, so muss man zugeben, dass die paar Seiten über Proust, die auf diese Ein-

5 Ibid.
6 Ibid.

leitung folgen, einen Kern Wahrheit enthalten, denn sie zeigen etwas, das wir immer wieder selbst feststellen können, nämlich dass es keineswegs nötig ist, seinen Gesprächsgegenstand zu kennen, um sich korrekt darüber zu äußern.

Nach der Einleitung spaltet sich der Artikel in zwei Teile. Der erste handelt vom Roman im Allgemeinen, wobei sich Valéry offensichtlich nicht lange mit genauen Betrachtungen abzugeben gedenkt. So erfährt man, dass der Roman darauf abzielt, »uns ein oder mehrere imaginäre ›Leben‹ mitzuteilen; er führt Personen ein, setzt Zeit und Raum fest, berichtet Vorfälle«, was ihn von der Poesie unterscheidet und es ihm erlaubt, ohne sehr großen Verlust zusammengefasst oder übersetzt zu werden.[7] Diese Bemerkungen, mögen sie auch für eine ganze Reihe von Romanen Gültigkeit haben, lassen sich allerdings kaum auf Proust anwenden, dessen Werk sich nur schwer zusammenfassen lässt. Im zweiten Teil seines Textes zeigt sich Valéry schon etwas besser inspiriert.

Dieser ist Proust gewidmet, um den man in einer Hommage wohl nicht ganz herumkommt. Nachdem er ihn zu allen anderen Schriftstellern in Beziehung gesetzt hat, von denen er zuvor sprach, hebt Valéry nun doch dessen Besonderheit hervor, ausgehend von der gewiss Proust'schen Vorstellung, dass sein Werk sich auszeichnet durch den »Überfluß an Verknüpfungen, die das geringste Bild so ungezwungen in der eigenen Substanz des Autors fand«. Dieser Fingerzeig auf die Proust'sche Art, die unendlich kleinen Verbindungen jedes Bildes in Szene zu setzen, stellt einen

7 Ibid.

doppelten Vorteil dar. Als Erstes ist es nicht nötig, Proust gelesen zu haben, um dafür empfänglich zu sein, und um dies festzustellen, kann man ihn aufschlagen, auf welcher Seite man will. Darüber hinaus ist dieses Vorgehen strategisch angemessen, da es darauf hinausläuft, den Akt des Herauspflückens selbst und damit also den Verzicht auf das Lesen zu legitimieren.

Tatsächlich kann Valéry sehr geschickt erklären, wie die Anziehungskraft von Prousts Werk mit seiner außerordentlichen Eigenschaft zusammenhängt, dass man ihn auf jeder beliebigen Seite aufschlagen kann:

> »Der Reiz seiner Werke ruht in jedem Fragment. Man kann das Buch aufschlagen, wo man will; seine Lebenskraft hängt überhaupt nicht von dem ab, was vorausgeht, gewissermaßen von der *erworbenen Illusion*; sie beruht in dem, was man die *Selbsttätigkeit* seines Textgewebes nennen könnte.«[8]

Valérys Geniestreich besteht darin, dass er sich für die Theorie zu seiner Lektürepraxis auf den Autor beruft, den zu lesen er nicht vorhat und der geradezu nach seinem Vorgehen verlangt, sodass der Verzicht auf das Lesen noch das beste Kompliment ist, das man ihm machen kann. Und so macht er denn auch, wenn er in den Schlussfolgerungen seines Artikels die »schwierigen Autoren« würdigt, die bald niemand mehr verstehen kann, kein Geheimnis daraus, dass er, hat er seine Aufgabe als Kritiker erfüllt, genauso

8 Ibid., S. 424, Hervorhebungen vom Autor

wenig wie zuvor die Absicht hat, sich an die Lektüre Prousts zu machen.[9]

*

Wenn die Würdigung Prousts Valéry dazu dient, seine Vorstellung vom Lesen darzulegen, so wird ihm ein anderer bedeutender Zeitgenosse, Anatole France, die Gelegenheit bieten, sein wahres Gesicht zu zeigen und diesmal nicht nur auf den Autor, sondern auch gleich noch auf den Text zu verzichten.

Als Valéry im Jahr 1927 als Nachfolger von Anatole France in die Académie Française aufgenommen wird und dadurch in die Verlegenheit kommt, dessen Nachruf zu verfassen, tut er alles, um der Aufgabe, die er sich in der Einleitung seiner Rede selbst stellt, nicht nachzukommen:

> »Der einzige Hilfsquell der Toten sind die Lebenden. Unsere Gedanken sind für sie der einzige Weg zum Licht. Die uns so viel gelehrt haben, die offenbar für uns dahingegangen sind und alle ihre Chancen uns überlassen haben, sie seien – so ist es gerecht und unser würdig – ehrfürchtig in unserem Gedenken empfangen, sie mögen ein wenig Leben aus unseren Worten trinken.«[10]

Wollte Anatole France im Gedächtnis oder in einem Text weiterleben, so hätte er einen anderen finden müssen als Valéry, der sich während seines ganzen Vortrags die größte Mühe gibt, ihm nicht zu huldigen. Tatsächlich ist Valérys

9 Ibid., S. 426
10 Ibid., S. 353f.

Rede nichts anderes als eine nicht abreißende Serie von Gemeinheiten gegen seinen Vorgänger, für den er wiederholt das Prinzip des zweifelhaften Kompliments in Anwendung bringt:

> »Das große Publikum war meinem ruhmvollen Vorgänger unendlich dankbar, daß er ihm das reizvolle Gefühl einer Oase verschafft hatte. Der erfrischende Gegensatz seiner abgemessenen Schreibweise zu den geräuschvollen und verwickelten Stilarten, in denen ringsumher geschrieben wurde, rief nur angenehme, freundliche Überraschung hervor. Es schien, als seien Ungezwungenheit, Klarheit und Einfachheit auf die Erde zurückgekehrt. Sie sind ja die gefälligen Göttinnen der Mehrheit. Jeder mußte eine solche Sprache lieben, die sich ohne vieles Grübeln genießen ließ, deren gefällige Natürlichkeit verführte, deren Durchsichtigkeit bisweilen wohl einen Hintergedanken durchscheinen ließ, der aber nicht undeutbar, im Gegenteil stets leicht verständlich, wenn auch nicht immer ganz befriedigend war. Seine Bücher bewiesen eine vollendete Kunst, die gewichtigsten Gedanken und Probleme obenhin zu streifen. Nichts behinderte den schweifenden Blick, außer etwa das Erstaunen selbst, keinem Widerstand zu begegnen.«[11]

Einer solchen Dichte an unterschwelligen Beleidigungen auf so wenigen Zeilen begegnet man nicht jeden Tag, wird doch das Werk Anatole Frances nacheinander als »angenehm«,

11 Ibid., S. 362

»freundlich«, »erfrischend«, »gemessen« und »einfach« bezeichnet, was in der Literaturkritik schwerlich als Kompliment aufgefasst werden kann. Und darüber gefällt es – ein letzter Fußtritt – möglicherweise allen. Man kann es genießen, ohne zu grübeln, da die Ideen nur »gestreift« werden, eine Einschätzung, die Valéry auch gleich weiter ausführt:

> »Was ist auch reizvoller als die köstliche Illusion der Klarheit, die uns ein Gefühl müheloser Bereicherung, sorgenlosen Genießens, achtlosen Verständnisses, kostenlosen Schauspiels schenkt?
> Glücklich die Schriftsteller, die die Last des Denkzwanges von uns nehmen und mit leichter Hand ein reizvolles Trugbild um die komplizierte Gestalt aller Dinge weben!«[12]

Stellt Valérys Huldigung auf Anatole France nichts als eine Anhäufung von Gemeinheiten dar, so stimmt der Text durch seine Vagheit umso nachdenklicher, als ob Valéry auf keinen Fall den Eindruck erwecken möchte, er habe Anatole France gelesen, da dies seiner Meinung über ihn widersprochen hätte. Nicht nur nennt er keinen einzigen Titel seines Werks, der Text wird zu keinem Moment auch nur ein bisschen explizit, und er macht nicht die leiseste Anspielung auf eines seiner Bücher.

Schlimmer noch, Valéry hütet sich, auch nur ein einziges Mal den Schriftsteller, auf dessen Sitz er folgen wird, beim Namen zu nennen, sondern verweist nur andeutungsweise

12 Ibid., S. 362f.

durch Wortpiele auf ihn: »Nur in Frankreich, dem er seinen Namen entlieh, war er selbst möglich und anderswo kaum vorstellbar.«[13]

Dass Valéry unbedingt den Eindruck zu vermeiden sucht, er könnte Anatole France gelesen haben, mag vielleicht auch mit dem Hauptvorwurf zusammenhängen, den er ihm macht, nämlich zu viel zu lesen. France, den er als unermüdlichen Leser bezeichnet – was bei Valéry einer Beschimpfung gleichkommt –, ist jemand, der sich, ganz anders als sein Nachfolger an der Académie, in den Büchern verirrt hat:

> »Ich weiß wahrhaftig nicht, meine Herren, wie eine Seele bei dem bloßen Gedanken an die unendlichen Stapel von Schriftwerken, die sich in der Welt ansammeln, den Mut bewahren kann. Was gibt es für den Geist Schwindelerregenderes, Verwirrenderes, als die golden geharnischten Wände einer Bibliothek zu betrachten; und was ist Niederdrückenderes zu sehen als die Bücherbänke, jene Brüstungen aus Geisteswerken, die auf den Uferstraßen sich bilden; jene Millionen von Bänden und Broschüren, gestrandet an den Ufern der Seine, wie geistige Wracks, ausgesondert vom Zeitenfluß, der sich ihrer entledigt und sich von ihren Gedanken reinigt?«[14]

Dieser Leseexzess hat bei France zum Verlust seiner Originalität geführt. Denn genau das ist aus Sicht Valérys die

13 Ibid., S. 370
14 Ibid., S. 372

Hauptgefahr, die das Lesen für einen Schriftsteller darstellt, weil es ihn in Abhängigkeit zu anderen bringt:

> »Meine Herren, das gelehrte, feinsinnige Mitglied Ihrer Vereinigung hat der großen Zahl gegenüber kein Unbehagen verspürt. Sein Geist war widerstandsfähiger. Um sich vor solchem Widerwillen und vor dem Schwindel, den die Statistik erregt, zu bewahren, hatte er nicht nötig, nur sehr wenig zu lesen. Fern von allem Gefühl der Bedrücktheit, regte ihn dieser Reichtum an, dem er soviel Belehrung und glückliche Wirkungen für Art und Bedarf seiner Kunst entnahm.
> Man hat nicht unterlassen, ihm hart und unverständig vorzuwerfen, um so viele Dinge zu wissen und sich seines Wissens wohl bewußt zu sein. Was sollte er denn tun? Was tat er anderes, als was seit je geschieht? Es gibt nichts Originelleres, als daß man den Schriftstellern eine Art von Verpflichtung auferlegt, in jeder Hinsicht originell zu sein.«[15]

Einer der Schlüssel zur Lektüre des Textes ist in der Formel zu finden, die sich antithetisch zu Frances Vorgehen verhält, »zu ignorieren, was man weiß«. Die Bildung trägt die Bedrohung in sich, in den Büchern der anderen stecken zu bleiben, was unbedingt zu vermeiden ist, will man selbst schöpferisch sein. Kurz, France, der keinen persönlichen Weg zu finden wusste, ist geradezu ein Paradebeispiel für die schädlichen Folgen des Lesens, und man versteht, dass Va-

15 Ibid., S. 373

léry nicht nur sorgsam darauf achtet, kein einziges Mal aus seinem Werk zu zitieren oder es auch nur zu erwähnen, sondern sogar seinen Namen zu nennen, als könnte schon das Aussprechen ihn in einen identischen Prozess des Selbstverlusts verwickeln.

★

Das Problem bei diesen »Würdigungen« Prousts oder Anatole Frances ist, dass sie Misstrauen streuen auf alle anderen Texte, die Valéry Schriftstellern gewidmet hat, weil man sich unweigerlich fragt, ob er sie gelesen oder wenigstens kurz überflogen hat. Sobald Valéry zugibt, dass er wenig liest, sich aber mit seiner Meinung trotzdem nicht zurückzuhalten gedenkt, wird auch die kleinste, noch so harmlose seiner kritischen Bemerkungen suspekt.

Seine Huldigung an den dritten großen Namen aus dem Geistesleben der ersten Jahrhunderthälfte, Henri Bergson, ist nicht gerade dazu angetan, diese Sorge zu entkräften. Der Text mit dem Titel »Rede auf Bergson«[16] stammt von einer Konferenz der Académie Française vom Januar 1941 anlässlich des Todes des Philosophen. Er beginnt auf ziemlich klassische Weise mit der Erwähnung seines Sterbens und seiner Beisetzung, um dann in reinster Diplomatensprache mit einer Aufzählung seiner Qualitäten fortzufahren:

> »Er war der Stolz unserer Akademie. Ob wir von seiner Metaphysik eingenommen waren oder nicht, ob wir ihm in seiner tiefgehenden Suche, der er sein ganzes Leben

16 Ibid., S. 151

gewidmet hat, und in der wahrhaft schöpferischen Entwicklung seines immer kühneren und freieren Denkens gefolgt sind oder nicht, wir hatten in ihm das authentischste Beispiel der höchsten intellektuellen Tugenden.«[17]

Nach einer solchen Einleitung dürfte man eigentlich erwarten, dass diese Komplimente eine Spur von Rechtfertigung erfahren und Valéry – warum nicht? – sein Verhältnis zu Bergson etwas näher ausführen würde. Diese Hoffnung aber gibt der Leser rasch auf, denn die Formel, die den nächsten Abschnitt einleitet, ist zu denen zu zählen, die man gewöhnlich für Kommentare zu nicht gelesenen Texten reserviert:

»Ich werde nicht auf seine Philosophie eingehen. Dies ist nicht der Augenblick, eine Untersuchung vorzunehmen, die gründlich sein soll und dies nur sein kann im Licht heller Tage und in der vollen Entfaltung des Denkens.«[18]

Es steht im Falle Valéry ganz zu befürchten, dass die Weigerung, auf Bergsons Philosophie einzugehen, keine Floskel ist, sondern wörtlich genommen werden muss. Und die Fortsetzung des Textes wirkt nicht gerade beruhigend, was Valérys Kenntnis seines Denkens betrifft:

»Die sehr alten und folglich sehr schwierigen Probleme, die Bergson behandelt hat, wie das Problem der Zeit, das

17 Ibid.
18 Ibid., S. 152

des Gedächtnisses, und vor allem das der Entwicklung des Lebens, sind von ihm neu gestellt worden, und er hat damit die Lage der Philosophie, wie sie sich noch vor fünfzig Jahren in Frankreich darstellte, erstaunlich verändert.«[19]

Dass sich Bergson mit der Zeit und dem Gedächtnis auseinandergesetzt hat – welcher Philosoph hat das nicht? –, sagt noch nicht viel aus über sein Werk oder dessen Originalität. Lässt man die wenigen Zeilen über die Gegenüberstellung von Bergson und Kant außer Acht, bleibt der Text so vage, dass er sich zwar wunderbar auf Bergson anwenden lässt, genauso jedoch auf viele andere Autoren, die von diesen konventionellen hagiografischen Floskeln ebenso zutreffend beschrieben würden.

»Bergson, diese sehr erhabene, sehr reine, sehr überlegene Gestalt des denkenden Menschen – vielleicht einer der letzten Menschen, die ausschließlich, gründlich und überlegen gedacht haben werden in einer Epoche der Welt, da die Welt immer weniger denkt und nachsinnt, da die Zivilisation sich Tag um Tag mehr auf die Erinnerung zu beschränken scheint, auf die Reste, die wir von ihrem vielgestaltigen Reichtum und ihrer freien und überströmenden intellektuellen Produktion bewahren, während Elend, Angst, Zwang aller Art die Unternehmungen des Geistes beeinträchtigen oder behindern –, Bergson scheint bereits einem vergangenen

19 Ibid.

> Zeitalter anzugehören, und sein Name erscheint uns wie der letzte große Name in der Geschichte der europäischen Intelligenz.«[20]

Offensichtlich kann Valéry es nicht lassen, mit einer Gehässigkeit zu schließen, schafft es doch die freundliche Wendung »der letzte große Name in der Geschichte der europäischen Intelligenz« nur mit Mühe, die Härte der vorangehenden abzumildern, mit der Bergson charmant in ein »vergangenes Zeitalter« abgeschoben wird. Wenn man sie liest und Valérys Leidenschaft für die Bücher kennt, muss man annehmen, dass er die überholte Stellung des Philosophen innerhalb der Ideengeschichte vor allem zu Protokoll nimmt, um seine Werke nicht aufschlagen zu müssen.

⋆

Diese Praxis der Kritik ohne Autor und Text hat nichts Absurdes an sich. Sie beruht bei Valéry auf einem fundierten Begriff von Literatur, dessen einer Hauptgedanke sagt, dass nicht nur der Autor, sondern auch das Werk überflüssig ist.

Das Unbehagen, das vom Werk ausgeht, muss als Erstes mit seinem allgemeinen Literaturbegriff in Verbindung gebracht werden, der mit dem zusammenhängt, was er in der Nachfolge von Aristoteles und anderer *Poetik* nennt. Tatsächlich geht es Valéry vor allem darum, die Hauptgesetze der Literatur aufzuzeigen. Von da aus wird eigentlich jeder Text suspekt, da er zwar als punktuelles Beispiel der Erarbeitung dieser Poetik dienen kann, gleichzeitig aber auch

20 Ibid., S. 154f.

genau das ist, was beiseitegelassen werden muss, wenn man sich einen Überblick verschaffen will.

So könnte man William Marx folgen, wenn er feststellt, dass sich Valéry weniger für ein bestimmtes Werk als für seine »Idee« interessiert:

> »So wie die universitäre Kritik versuchte, so viele Unterlagen wie möglich anzuhäufen und den außerliterarischen Quellen (Korrespondenzen, persönliche Dokumente usw.) eine besondere Bedeutung in ihrer Arbeit beimaß, so will eine Kritik im Sinne Valérys ihren Gegenstand so stark wie möglich eingrenzen, bis in ihrem Betrachtungsfeld nur noch das Werk selbst übrig bleibt, sogar weniger als das Werk: die einfache Idee des Werks.«[21]

Die Chancen, Zugang zu diesem »weniger als das Werk«, zu seiner Idee, zu bekommen, stehen besser, wenn man ihm nicht allzu nahe kommt, da man sonst Gefahr läuft, sich in seiner Besonderheit zu verlieren. Somit hat der Kritiker vielleicht die besten Erfolgsaussichten, das zu entdecken, was ihn interessiert, wenn er die Augen schließt vor dem Werk und sich, um über es hinauszugehen, vorstellt, was es sein könnte: das, was es nicht ist, sondern was es mit anderen gemeinsam hat. Demzufolge bedeutet jede allzu aufmerksame, wenn nicht sogar *jede* Lektüre ein Hindernis, den Gegenstand in seiner ganzen Tiefe zu erfassen.

Mit dieser Poetik der Distanz erfährt eine unserer ge-

21 William Marx, *Naissance de la critique moderne*, UB +, Arras 2002, S. 25

bräuchlichsten Beziehungsarten zum Buch durch Valéry eine rationale Begründung: das Querlesen. Tatsächlich ist es recht selten, dass wir ein Buch in der Hand haben, das wir von der ersten bis zur letzten Zeile lesen, falls eine solche Praxis überhaupt möglich ist. Meistens tun wir mit den Büchern das, was Valéry für seine Proust-Lektüre geltend macht: Wir lesen es quer.

Dieser Begriff des Querlesens kann auf mindestens zwei Arten verstanden werden. Im ersten Fall ist das Vorgehen linear. Der Leser beginnt den Text am Anfang, geht dann dazu über, Zeilen oder Seiten zu überspringen, und nähert sich langsam dem Ende, ob er es nun erreicht oder nicht. Im zweiten Fall ist das Vorgehen zirkulär, da der Leser nicht für eine geordnete Lektüre optiert, sondern im Buch herumschweift und unter Umständen sogar mit dem Ende beginnt. Diese Methode drückt genauso wenig wie die erste irgendeine Geringschätzung aus. Sie stellt ganz einfach eine der gängigen Beziehungsarten zu einem Buch dar und sagt noch nichts über die Meinung des Lesers aus.

Die Prägnanz dieser Aneignung erschüttert jedoch spürbar den Unterschied zwischen Lesen und Nichtlesen oder sogar den Begriff des Lesens selbst. In welche Kategorie soll man all jene einordnen, die eine bestimmte Zeit, gar Stunden mit einem Buch verbracht haben, ohne es vollständig zu lesen? Soll man, wenn sie darüber sprechen müssen, sagen, dass sie über ein Buch sprechen, das sie nicht gelesen haben? Eine vergleichbare Problematik stellt sich für all jene, die wie Musils Bibliothekar an der Peripherie des Buches stehen bleiben. Man kann sich fragen, wer von beiden der bessere Leser ist, derjenige, der ein Werk gründlich liest, ohne es einordnen zu können, oder derjenige, der sich in keines vertieft, aber über alle Bescheid weiß.

Wie man sieht, ist es nicht einfach – und das Ganze wird sich noch mehr zuspitzen –, genau zu bestimmen, was das Nichtlesen und mithin was das Lesen ist. Es scheint, dass wir uns gewöhnlich, jedenfalls was die Bücher betrifft, die uns innerhalb einer vorgegebenen Kultur begleiten, in einem Zwischenbereich bewegen, sodass man in den meisten Fällen gar nicht so leicht sagen kann, ob man sie gelesen hat.

*

Genauso wie Musil regt auch Valéry dazu an, in Begriffen der kollektiven Bibliothek statt des einzelnen Buches zu denken. Für einen echten Leser, der die Literatur durchdringen möchte, zählt nicht das einzelne Buch, sondern die Ganzheit aller andern, und wenn man seine gesamte Aufmerksamkeit einem bestimmten unter ihnen schenkt, läuft man Gefahr, das Ganze aus dem Blick zu verlieren und damit das, was in jedem Buch an dieser umfassenderen Organisation teilhat, die uns erlaubt, es von Grund auf zu verstehen.

Doch Valéry schlägt vor, noch einen Schritt weiter zu gehen, wenn er uns auffordert, jedem Buch mit dieser Haltung zu begegnen und stets diesen Überblick anzustreben, der im Interesse einer Gesamtsicht auf alle Bücher liegt. Die Suche nach dieser Perspektive bedingt, dass man darauf achtet, sich nicht in einem einzelnen Abschnitt zu verlieren und also eine vernünftige Distanz zum Buch zu halten, die allein es ermöglicht, seine wahre Bedeutung einzuschätzen.

Drittes Kapitel

BÜCHER, DIE MAN VOM HÖRENSAGEN KENNT

in dem Umberto Eco zeigt, dass es nicht nötig ist, ein Buch in der Hand gehabt zu haben, um detailliert darüber zu sprechen, sofern man nur hört und liest, was andere Leser darüber sagen.

DIESE THEORIE der doppelten Orientierung – Bildung ist die Fähigkeit, die Bücher innerhalb der kollektiven Bibliothek einzuordnen und sich innerhalb eines einzelnen Buches zurechtzufinden – bedeutet, dass es unter Umständen gar nicht nötig ist, die Bücher, über die man spricht, in die Hand zu nehmen, um sich eine Vorstellung darüber zu machen und sie auch zu äußern, und dass der Begriff des Lesens sich schließlich von der Vorstellung des materiellen Buchs löst und durch den Begriff der Begegnung ersetzt wird, die durchaus auch mit einem immateriellen Objekt stattfinden kann.

Doch gibt es noch eine weitere Möglichkeit, sich ein ziemlich genaues Bild zu machen, was in einem Buch steht, ohne es zu lesen. Dazu reicht es, zu lesen oder zu hören, was die anderen darüber schreiben oder sagen. Mit dieser Methode, die Valéry, wie er offen zugibt, bei Proust anwendet, können wir viel Zeit gewinnen. Außerdem kann sie erforderlich sein, wenn ein Buch unauffindbar oder vermisst ist, oder aber, wenn seine Suche das Leben derer in Gefahr bringt, die es lesen möchten.

Nun aber gelangt man meistens genau auf diesem Weg zu den Büchern. Viele Bücher, über die wir sprechen müssen und die für manche sogar eine wichtige Rolle im Leben gespielt haben, sind eigentlich nie durch unsere Hände gegangen (auch wenn wir manchmal vom Gegenteil überzeugt sind). Doch die Art, wie sich die anderen vor uns oder untereinander in Texten oder Gesprächen darüber äußern, macht es uns möglich, uns eine Vorstellung über ihren Inhalt zu bilden und sogar ein fundiertes Urteil über sie zu fällen.

*

In seinem Roman *Der Name der Rose*[1], dessen Geschichte im Mittelalter spielt, erzählt uns Umberto Eco, wie ein Mönch mit dem Namen William von Baskerville in Begleitung von Adson – ein junger Mann, der die Geschichte viele Jahre später, als er selbst alt geworden ist, niederschreibt – in einer Abtei im Norden Italiens, in der sich ein suspekter Todesfall ereignet hat, ermitteln soll. Dieser aber ist nur der erste einer ganzen Serie von sieben Todesfällen, denen Baskerville ein Ende setzt, indem er den Schuldigen entlarvt.

Im Zentrum dieser Abtei wurde eine riesige Bibliothek errichtet, die größte des Christentums, erbaut in Form eines Labyrinths. Dieser Bibliothek kommt innerhalb der Religionsgemeinschaft und somit des Romans eine große Bedeutung zu, sowohl als Ort des Studiums wie der Reflexion, und da sie zentraler Teil eines ganzen Systems von Verboten ist, welche das Recht zum Lesen reglementieren, wer-

1 QB und EB ++

den die Bücher den Mönchen erst nach Vorzeigen einer Autorisierung ausgehändigt.

Bei seiner Suche nach der Wahrheit über die Morde befindet sich Baskerville in Konkurrenz zur Inquisition in Gestalt ihres furchterregenden Vertreters Bernard Gui, der überzeugt ist, dass die Häretiker für diese Untaten verantwortlich sind, insbesondere die Adepten des Dolcino, des Gründers einer dem Papsttum feindlichen Sekte. Er schafft es, mehreren Mönchen durch Folter Geständnisse abzuringen, die seinen Wünschen entsprechen, allerdings ohne Baskerville von der Richtigkeit seiner Argumente überzeugen zu können.

Denn der Ermittler seinerseits gelangt zu einem anderen Schluss. Er denkt, dass die Todesfälle in keiner direkten Beziehung zur Häresie stehen, sondern dass die Mönche sterben mussten, weil sie versucht hatten, ein mysteriöses Buch zu lesen, das in der Bibliothek eifersüchtig gehütet wird. Und er verschafft sich nach und nach eine Vorstellung vom Inhalt dieses Buches und von den Gründen, warum derjenige, der den Zugang verbietet, zum Mord schreitet. Die gewalttätige Konfrontation mit dem Mörder auf den letzten Seiten des Romans provoziert einen gigantischen Brand der Bibliothek, die von den Mönchen nur mit knapper Not vor der Zerstörung bewahrt werden kann.

★

In der letzten Szene des Buches stehen sich also der Ermittler und der Mörder, der sich als der blinde Jorge entpuppt, einer der ältesten Mönche der Abtei, Auge in Auge gegenüber. Dieser beglückwünscht Baskerville zur Lösung und streckt ihm, während er sich scheinbar geschlagen gibt, den Band hin, der schuld ist an so vielen Todesfällen. Das heterogene Buch enthält einen arabischen und einen syrischen Text, eine Interpretation der *Coena Cypriani*[2] – eine Parodie der Bibel – und schließlich einen vierten Text auf Griechisch, der Anlass für die vielen Morde war.

Bei dieser hinter den anderen versteckten Schrift handelt es sich um den zweiten Band von Aristoteles' berühmter *Poetik*[3], ein Werk, das noch nicht in die bibliografischen Verzeichnisse aufgenommen worden ist, in dem der griechische Philosoph seine Gedanken über die Literatur weitergeführt haben soll, indem er sich diesmal für die Frage des Lachens interessierte.

Als Jorge von Baskerville beschuldigt wird, verhält er sich höchst sonderbar. Statt den Ermittler daran zu hindern, das Buch in die Hand zu nehmen, fordert er ihn im Gegenteil auf, es zu lesen. Baskerville gehorcht ihm, sieht sich aber vor und streift sich Handschuhe über, bevor er es ergreift. So ist er in der Lage, die ersten Zeilen eines Textes zu lesen, der ihm zufolge bereits mehrere Opfer gekostet hat:

> »Im ersten Buch haben wir die Tragödie behandelt und dargelegt, wie sie durch Erweckung von Mitleid und Furcht eine Reinigung von ebendiesen Gefühlen bewirkt. Hier wollen wir nun, wie besprochen, die Komödie behandeln (nebst der Satire und dem Mimus) und darlegen, wie sie durch Erweckung von Vergnügen am Lächerlichen zu einer Reinigung von ebendieser Lei-

2 UB -
3 EB +

denschaft führt. Inwiefern diese Leidenschaft der Beachtung wert ist, haben wir schon im Buch über die Seele gezeigt, insofern nämlich der Mensch als einziges aller Lebewesen zum Lachen fähig ist. Wir werden im folgenden also bestimmen, von welcher Art Handlung die Komödie eine Nachahmung ist. Dann werden wir untersuchen, wie und wodurch die Komödie zum Lachen reizt, nämlich durch die dargestellte Geschichte und durch die Redeweise. Wir werden zeigen, wie das Lächerliche der Geschichte entsteht aus der Angleichung des Besseren an das Schlechtere und umgekehrt [...]. Anschließend werden wir darlegen, wie das Lächerliche der Redeweise entsteht aus den Mißverständnissen durch ähnliche Wörter für verschiedene Dinge und verschiedene Wörter für ähnliche Dinge ...«[4]

Es scheint sich also zu bestätigen, insbesondere durch die Erwähnung der anderen Titel von Aristoteles, dass es sich bei dem geheimnisvollen Werk tatsächlich um den zweiten Band seiner *Poetik* handelt. Nachdem er die erste Seite gelesen und ins Lateinische übersetzt hat, fängt Baskerville an, in aller Eile die nächsten Seiten durchzublättern, stößt aber plötzlich auf physischen Widerstand, da ein paar beschädigte Seiten miteinander verklebt sind, und außerdem wird er durch die Handschuhe noch zusätzlich behindert. Jorge drängt ihn, weiterzublättern, doch Baskerville weigert sich entschlossen.

Er hat begriffen, dass er die Handschuhe ausziehen und

4 Umberto Eco, *Der Name der Rose*. Aus dem Italienischen von Burkhart Kroeber, München 1982, S. 595.

die Finger befeuchten müsste, um die Seiten zu wenden, und dass er sich dann genau wie die anderen Mönche, die der Wahrheit zu nahe kamen, vergiften würde. Denn Jorge hat beschlossen, unerwünschte Forscher durch ein Gift loszuwerden, das er auf dem oberen Teil des Buches angebracht hat, genau da, wo die Finger des Lesers ansetzen. Ein exemplarischer Mord, bei dem das Opfer sich ganz allein vergiftet, und zwar genau in dem Maße, wie es sich über das von Jorge aufgestellte Verbot hinwegsetzt und mit seiner Lektüre fortfährt.[5]

★

Warum aber werden all jene, die sich für den zweiten Band von Aristoteles' *Poetik* interessieren, systematisch umgebracht? Als er von William danach gefragt wird, bestätigt Jorge die Ahnungen des ermittelnden Mönches. Die Morde wurden begangen, um die Mönche daran zu hindern, den Inhalt des Buches kennenzulernen. Denn dieses handelt vom Lachen, das von Aristoteles nicht verdammt, sondern zum Studienobjekt erhoben wird, und für Jorge verhält sich das Lachen antinomisch zum Glauben. Indem es sich das Recht herausnimmt, alles lächerlich zu machen, öffnet es den Weg zum Zweifel, was der Feind der offenbarten Wahrheit ist:

»›Aber was schreckt dich so sehr an dieser Abhandlung über das Lachen? Du schaffst das Lachen nicht aus der Welt, indem du dieses Buch aus der Welt schaffst.‹
›Nein, gewiß nicht. Das Lachen ist die Schwäche, die

5 Ibid.

Hinfälligkeit und Verderbtheit unseres Fleisches. Es ist die Kurzweil des Bauern, die Ausschweifung des Betrunkenen, auch die Kirche in ihrer Weisheit hat den Moment des Festes gestattet, den Karneval und die Jahrmarktsbelustigung, jene zeitlich begrenzte Verunreinigung zur Abfuhr der schlechten Säfte und zur Ablenkung von anderen Begierden, anderem Trachten ... Aber so bleibt das Lachen etwas Niedriges und Gemeines, ein Schutz für das einfache Volk [...] Aber hier, *hier* ...‹, Jorge pochte mit steifem Finger auf den Tisch dicht neben das Buch, das William vor sich hielt, ›hier wird die Funktion des Lachens umgestülpt und zur Kunst erhoben, hier werden ihm die Tore zur Welt der Gebildeten aufgetan, hier wird das Lachen zum Thema der Philosophie gemacht, zum Gegenstand einer perfiden Theologie ...‹«[6]

Das Lachen stellt also durch den Zweifel, der wesentlich zu ihm gehört, eine Gefahr für den Glauben dar. Und diese Gefahr ist im vorliegenden Fall umso größer, als der Autor des Buches Aristoteles heißt, dessen Einfluss im Mittelalter beträchtlich war:

»›Es gibt viele Bücher, die von der Komödie handeln und das Lachen preisen. Warum hat dich dieses eine so sehr erschreckt?‹

›Weil es vom PHILOSOPHEN stammt. Jedes Werk dieses Denkers hat einen Teil der Weisheit zerstört, die in den Jahrhunderten von der Christenheit aufgehäuft

6 Ibid., S. 603.

> worden ist. Die Patres hatten alles gesagt, was man wissen mußte über das Verbum Dei und seine Kraft, doch es genügte, daß Boethius den PHILOSOPHEN zu kommentieren begann, und schon verwandelte sich das Mysterium des göttlichen Wortes in die menschliche Parodie der Kategorien und Syllogismen. Das Buch der Genesis hatte alles gelehrt, was man wissen mußte über die Zusammensetzung des Kosmos, doch es genügte, daß man die physikalischen Bücher des PHILOSOPHEN wiederentdeckte, und schon wurde das Universum neugedacht in Begriffen dumpfer und schleimig-ekliger Materie [...]. Jedes Wort des PHILOSOPHEN, auf den mittlerweile sogar schon die Heiligen und die Päpste schwören, hat das Bild der Welt etwas mehr entstellt. Das Bild Gottes indessen hat er noch nicht zu entstellen vermocht. Würde jedoch ... wäre jedoch dieses Buch zum Gegenstand offener Ausdeutung und Debatte geworden, so hätten wir auch diese letzte Grenze noch überschritten.‹«[7]

Nicht das Lachen allein, sondern vor allem seine Protektion durch Aristoteles ist es also, was die Gefahr ausmacht für die Religion und in den Augen Jorges die Morde legitimiert. Mit Unterstützung eines solchen Philosophen droht die Theorie, dass das Lachen wohltuend – oder ganz einfach unschädlich – ist, weite Verbreitung zu finden und die Lehre des Christentums zu untergraben. Wenn er die Mönche daran hindert, sich dem Buch zu nähern, begeht Jorge seiner Ansicht nach

7 Ibid., S. 601f.

eine fromme Tat, die durchaus ein paar Opfer wert ist, sind sie doch der Preis, um den wahren Glauben zu retten und ihn vor Fragen zu schützen.

*

Wie aber hat Baskerville die Wahrheit herausgefunden? Mit Sicherheit hat er das Buch vor der letzten Szene – wo er sich außerdem vor jedem direkten physischen Kontakt hütet – nicht in der Hand gehabt, noch weniger also gelesen, trotzdem aber ist es ihm gelungen, sich eine ziemlich genaue Vorstellung darüber zu machen, sodass er in der Lage ist, Jorge den Inhalt vorzutragen:

»›So nahm dieses Buch allmählich in meinen Gedanken Gestalt an. Ich könnte dir leicht seinen ganzen Inhalt erzählen, ohne die Seiten zu lesen, die mich vergiften sollten. Die Komödie entsteht in den *komai*, das heißt in den Dörfern der Bauern, und zwar als fröhliches Spiel nach reichlichem Mahl oder nach einem Fest. Sie handelt nicht von berühmten und mächtigen Menschen, sondern von gemeinen und komischen, die aber nicht böse sind, und sie endet auch nicht mit dem Tod des Helden. Die Wirkung der Lächerlichkeit erreicht sie, indem sie die Mängel und Laster der gewöhnlichen Leute zeigt. Aristoteles sieht in der Anlage und Bereitschaft zum Lachen eine Gutes bewirkende Kraft, die auch Erkenntniswert haben kann, wenn die Komödie durch witzige oder geistreiche Rätsel und überraschende Metaphern, in welchen die Dinge anders dargestellt werden, als sie sind, also gleichsam durch Lügen uns zwingt, genauer hinzuschauen, bis wir auf einmal sagen: Sieh da, so ist das also, das hatten wir nicht gewußt! [...] Habe ich recht?‹«[8]

Es ist also möglich, mit relativer Genauigkeit (»Ich könnte dir leicht seinen ganzen Inhalt erzählen«) von einem Buch zu sprechen, das man nie in der Hand gehalten hat, eine Feststellung, die nicht unwichtig ist, wenn seine Berührung tödlich ist. Der Grund dafür ist, dass jedes Buch einer Logik gehorcht, woraus Valéry die Konsequenz zieht, sich nur noch für diese Logik zu interessieren. Das Buch von Aristoteles nun situiert sich als Erstes als Fortsetzung der *Poetik*, die Baskerville gut kennt, und wenn man, ausgehend von seinem erahnten Gegenstand, die Kraftlinien des ersten Buches weiter verfolgt, ist man in der Lage, seinen Grundgedanken zu erraten.

Darüber hinaus gehorcht das Werk noch einer weiteren Logik, der Logik seiner inneren Entwicklung, die Baskerville auch hier wieder im Vergleich mit anderen Büchern von Aristoteles aufzustellen imstande ist. Die Vorgehensweise eines Buches ist nie ganz einzigartig. Sämtliche Werke eines Autors zeigen mehr oder weniger auffällige Ähnlichkeiten des Aufbaus und verraten insgeheim, über ihre offenkundigen Unterschiede hinaus, eine identische Art, die Wirklichkeit zu ordnen.

Aber noch ein drittes, genauso wichtiges Element – das dem Werk nicht mehr innerlich, sondern äußerlich ist – kann uns über den Inhalt des Buches Aufschluss geben, nämlich die Reaktionen, die es hervorruft. Ein Buch begrenzt sich

8 Ibid., S. 600.

nicht auf sich selbst, es ist vom Augenblick seines Erscheinens an von einem ständig sich wandelnden Meinungsaustausch bestimmt, den seine Verbreitung in Gang setzt. Man kann also, wenn nicht übers Lesen, auch Zugang zum Buch erhalten, wenn man auf diesen Austausch achtet.

Aufgrund von Äußerungen dieser Art ist es Baskerville gelungen, den Inhalt von Aristoteles' Buch zu kennen. Dem vor Bewunderung staunenden Jorge (»genauso ist es gewesen«[9]), der ihn fragt, wie er es fertiggebracht habe, einen Text nachzuzeichnen, den er nicht in den Händen gehalten hat, erklärt Baskerville, dass er sich von den Recherchen hat inspirieren lassen, die Venantius angestellt hat, der ermordete Mönch, der ihm in dieser Suche vorangegangen war und Indizien zurückgelassen hat:

> »›Ein paar Notizen, die sich Venantius gemacht hatte, halfen mir weiter. Ich verstand zuerst nicht, was sie bedeuteten, aber da waren Bezugnahmen auf einen Felsblock, der über die Ebene rollt, auf Zikaden, die am Boden singen, und auf verehrungswürdige Feigen. Das kam mir bekannt vor, ich hatte dergleichen schon irgendwo gelesen. Ich habe es nachgeprüft in diesen Tagen: Es sind Beispiele, die Aristoteles im ersten Buch der Poetik und in der Rhetorik[10] zitiert. Dann fiel mir ein, daß Isidor von Sevilla sagt, die Komödie erzähle von Jungfrauenschändung und Dirnenliebe: *de stupris virginum et meretricum amoribus* ...‹«[11]

9 Ibid., S. 600
10 UB +
11 Op.cit., S. 599f.

Schriftliche – Venantius' Anmerkungen –, aber auch mündliche Äußerungen – die Worte all derer, die sich dem geheimnisvollen Buch manchmal unwissentlich genähert haben –, ohne die vielen Reaktionen zu vergessen, die es ausgelöst hat, angefangen bei den Morden, haben es Baskerville erlaubt, es sich, noch bevor er es in Besitz bekommen hat, zunehmend klarer vorzustellen und es sogar rekonstruieren zu können. Denn auch dieses Buch, so originell und skandalös es auch sein mag, ist kein isolierter Gegenstand, sondern hat, wie alle Bücher, an dem Ganzen dieser kollektiven Bibliothek Teil, von der wir weiter oben gesprochen haben, in die es sich auf natürliche Weise eingliedert.

Genau darum, weil es seinen Platz in der kollektiven Bibliothek hat, deren Grundlagen es erschüttert, hat Jorge sich übrigens zum Mord entschlossen. Das Buch stellt als Erstes eine Gefahr dar für die Klosterbibliothek, da es noch mehr Mönche an diesen Ort der Entdeckung und des Verlusts zu locken droht, wie es Bildung stets bedeutet. Doch über diese reale Bibliothek hinaus ist das körperlose Ganze der menschlichen Bibliothek durch den zweiten Band von Aristoteles' Poetik bedroht, jedenfalls in den Augen Jorges. Die Lektüre der anderen Werke dieser Bibliothek, insbesondere der Bibel, kann durch Aristoteles' Band verändert werden, da ein einziges Buch die Fähigkeit hat, alle anderen in der unendlichen Kette von Büchern, durch die sie miteinander verbunden sind, zu verrücken.

⋆

Durch die berühmte Handlung von *Der Name der Rose* sind zwei wichtige Elemente, die zu Ecos Roman gehören, in den

Schatten geraten, die für unser Thema nicht unbedeutend sind. Als Erstes gelangt der Ermittler nicht, wie es sein Name und die Geschicklichkeit, mit der er sich ein Bild über Aristoteles' Buch zu machen weiß, vermuten lassen könnten, durch eine unerbittliche Logik, sondern in Wirklichkeit durch eine Reihe von falschen Folgerungen zur Wahrheit.

Das letzte Gespräch mit Jorge ermöglicht es Baskerville nicht nur, den mutmaßlichen Mörder zu entlarven, er begreift bei dieser Gelegenheit auch, wie sehr er sich mit seinen Folgerungen geirrt hat. Denn nach seiner Analyse der ersten Todesfälle hat Baskerville zu Unrecht geschlossen, dass der Mörder die Prophezeiungen der Apokalypse wortwörtlich befolgte und dass die Verbrechen mit dem Text von den sieben Trompeten übereinstimmen.[12]

Doch der Weg zur Wahrheit entpuppt sich im Nachhinein als noch komplexer, da Jorge, der Baskerville nachspioniert und hört, wie er sich seine phantastischen Interpretationen um die Apokalypse herum aufbaut, beschließt, ihn in die Irre zu führen und ihm falsche Indizien zu beschaffen, mit denen sich seine These stützen lässt. Und als Gipfel des Paradoxes täuscht der Mörder Baskerville so lange, bis er schließlich selbst der Täuschung verfällt, wenn er sich einredet, die Todesfälle seien durch einen Plan der Vorhersehung angeordnet.[13] So gelangt Baskerville zur Feststellung,

12 Einige der Todesfälle sind nicht einmal Jorge zuzuschreiben: Einer der Mönche hat Selbstmord begangen, ein anderer wurde von einem anderen Mönch umgebracht.

13 »›Alinardus hatte mir seine Idee eingegeben, und später hörte ich, daß auch du sie einleuchtend fandest. Da sagte ich mir, daß offenkundig ein göttlicher Plan diese Todesfälle lenkte, für die ich mithin nicht verantwortlich war [...].‹« (Ibid., S. 597)

dass er die Wahrheit zwar herausgefunden hat, aber nur dank der willkürlichen Anhäufung seiner eigenen Irrtümer:

> »›Dann habe ich mir ein falsches Muster zurechtgelegt, um mir die Schritte des Schuldigen zu erklären, und der Schuldige hat sich diesem falschen Muster angepaßt. Und genau dieses falsche Muster hat mich schließlich auf deine Spur gebracht ...‹«[14]

Baskervilles Ansammeln falscher Schlussfolgerungen führt zu einer anderen Frage, die das Buch nicht direkt stellt, die sich aber aufdrängt, nämlich, ob seine Lösung wirklich stimmt. Gibt man zu, dass es Baskerville nicht durch die richtige Beweisführung, sondern als Schlusspunkt einer Reihe von irrigen Ableitungen gelungen ist, den Schuldigen zu überführen und das Buch zu finden, gibt es keinen Beweis dafür, dass seine Folgerungen richtig sind. Sobald der Roman uns die Abenteuer eines Ermittlers vorstellt, der sich ohne Ende irrt, wird es schwierig, die Folgerungen, zu denen er sich beglückwünscht, für bare Münze zu nehmen.[15]

Ein doppelter Irrtum, über Buch und Mörder, ist also nicht auszuschließen, und der Gedanke, dass Baskerville im einen Fall recht und im anderen unrecht gehabt haben könnte, lässt sich nicht einfach von der Hand weisen. Geht man davon aus, dass Jorge der Mörder ist, was erst noch bewiesen werden muss, so liegt es ganz in seinem Interesse, Baskerville in der Illusion zu ermutigen, es handele sich bei dem geheimnisvollen Buch um den zweiten Band von Aris-

14 Ibid.
15 Siehe mein Buch *Qui a tué Roger Ackroyd?*, VB +, Paris 1998

toteles' Poetik, vor allem, wenn er ein noch gefährlicheres Buch schützen möchte. Angesichts der ironischen Haltung, die Jorge bis zum Ende beibehält, ohne Baskervilles Lösung wirklich zu bestätigen, ist jedenfalls ein Zweifel erlaubt über deren Richtigkeit, die nach so vielen Irrtümern zumindest fragwürdig scheint.

*

Stärker noch als unsere anderen Beispiele illustriert Ecos Roman die Tatsache, dass die Bücher, über die wir sprechen, nur wenig zu tun haben mit den »realen« Büchern – wie sollte man auch an sie herankommen? – und sehr oft nichts anderes als *Deckbücher*[16] sind. Oder, wenn man es vorzieht, dass man nicht über Bücher spricht, sondern über Ersatzobjekte, die zu einem bestimmten Anlass fabriziert werden.

Faktisch gesehen ist Aristoteles' Buch als Erstes ein weitgehend virtueller Gegenstand, da weder Jorge noch Baskerville Zugang dazu haben. Jorge hat schon vor Jahren das Sehvermögen verloren und muss sich also seine Vorstellung einzig anhand seiner Erinnerungen machen, die auch noch durch seinen Wahn verformt werden. Und was Baskerville betrifft, so kann er es nur flüchtig durchblättern und muss sich vor allem auf das Bild verlassen, das er sich darüber gemacht hat, und wie zweifelhaft das ist, haben wir gesehen. So kann man mit Sicherheit sagen, dass die beiden nicht vom selben Buch sprechen, da jeder sich in einem unvergleich-

16 Freud benutzt den Ausdruck »Deckerinnerung«, um fälschliche Kindheitserinnerungen zu bezeichnen, deren Funktion es ist, andere, die für unser Bewusstein weniger akzeptabel sind, zu überdecken (SIGMUND FREUD, *Über Deckerinnerungen* (1899), QB ++, Gesammelte Werke I, S. 536).

baren inneren Prozess einen imaginären Gegenstand konstruiert.

Die Unmöglichkeit des Zugangs zum Text akzentuiert so noch den Charakter des Werkes als Projektion, das zum Sammelbecken der Phantasmen der beiden wird. Jorge nimmt Aristoteles' Buch zum Vorwand seiner Ängste angesichts der Probleme der Kirche, und Baskerville sieht darin ein zusätzliches Element seiner relativistischen Gedanken über den Glauben. Phantasmen, die umso weniger Chancen haben, miteinander übereinzustimmen, es sei denn als gemeinsame Illusion, als keiner der beiden Männer den Text im eigentlichen Sinn in der Hand hat.

Um sich davon zu überzeugen, dass jedes Buch, über das wir sprechen, nur ein Deckbuch und ein Ersatzelement ist in dieser unendlichen Kette, die von der Gesamtheit der Bücher gebildet wird, so reicht eine einfache Erfahrung. Man braucht nur die Erinnerungen eines Buches, das man als Kind geliebt hat, mit dem »realen« Buch zu vergleichen, um zu sehen, wie sehr unser Gedächtnis über die Bücher, vor allem wenn sie uns so wichtig waren, dass sie Teil von uns geworden sind, durch unsere gegenwärtige Situation und ihre unbewussten Einsätze endlos umorganisiert wird.

Dieser Charakter des Deckbuches räumt dem, was der Leser über ein Buch weiß oder zu wissen meint, und somit den geäußerten Meinungen darüber einen wichtigen Platz ein. Zu einem großen Teil beziehen sich die Gespräche, die wir über Bücher führen, in Wirklichkeit auf andere Gespräche, die über andere Bücher geführt wurden, und so weiter. Und für diese verschachtelten Reden, in denen das Buch hinter dem Sprechen verschwindet, ist die Klosterbibliothek, als Ort des unendlichen Kommentars schlechthin, ein erhellendes Symbol.

Die Gespräche, die wir mit uns selbst führen, bilden dabei eine nicht zu vernachlässigende Größe. Denn unsere eigenen Worte über die Bücher trennen und beschützen uns genauso wie die Äußerungen der anderen. Schon während wir lesen, wenn nicht schon früher, beginnen wir, erst mit uns und dann mit den anderen, über Bücher zu reden, und mit diesen Äußerungen und Meinungen haben wir es später zu tun, während wir die realen Bücher, die für immer hypothetisch geworden sind, weit von uns schieben.

⋆

Bei Eco erscheint das Buch noch stärker als bei Valéry als ein willkürlicher Gegenstand, über den wir uns in genauer Form äußern, ein Gegenstand, der ständig von unseren Wunschphantasien und Illusionen überlagert wird. In einer unbegrenzten Bibliothek unauffindbar, ist der zweite Band von Aristoteles' *Poetik* das, was die meisten Werke sind, über die wir im Laufe unseres Lebens reden, ob wir sie nun gelesen haben oder nicht: ein rekonstruierter Gegenstand, dessen entferntes Vorbild hinter unserem Sprechen und dem der anderen verborgen liegt, und es wäre vergeblich zu hoffen, ihn eines Tages, selbst wenn wir dafür unser Leben opfern würden, mit dem Finger berühren zu können.

Viertes Kapitel

BÜCHER, DIE MAN VERGESSEN HAT

in dem man sich mit Montaigne fragt, ob ein Buch, das man gelesen und komplett vergessen hat, von dem man sogar vergessen hat, dass man es gelesen hat, noch immer ein Buch ist, das man gelesen hat.

Es besteht also kein wesentlicher Unterschied zwischen einem »gelesenen« – falls eine solche Kategorie überhaupt sinnvoll ist – und einem quergelesenen Buch. Valéry ist durchaus berechtigt, die Werke, über die er spricht, nur zu überfliegen, genauso wie Baskerville sie kommentieren kann, ohne sie geöffnet zu haben, da auch das ernsthafteste und gründlichste Lesen schon bald einem Querlesen gleichkommt und sich im Nachhinein als bloßes Überfliegen darstellt. Um dies festzustellen genügt es, dem Akt des Lesens eine Dimension hinzuzufügen, die von vielen Theoretikern übersehen wird, die Dimension der Zeit. Lesen ist nicht nur Kenntnisnahme eines Textes oder Erwerb von Wissen. Es ist immer auch, und zwar sobald es einsetzt, einem unabwendbaren Vorgang des Vergessens unterworfen.

Schon während des Lesens fange ich an zu vergessen, und dieser Prozess, der unvermeidlich ist, setzt sich so lange fort, bis ich irgendwann wieder an dem Punkt bin, als hätte ich das Buch nicht gelesen, und von Neuem zum Nichtleser werde, der ich, wäre ich besser beraten gewesen, geblieben wäre. Die Aussage, dass man ein Buch gelesen hat, kann ruhig als Metonymie betrachtet werden. Man hat von einem Buch immer nur einen mehr oder weniger großen Teil gelesen, und selbst dieser ist über kurz oder lang zum Verschwinden verurteilt. Wir unterhalten uns mit uns selbst und den anderen weniger über Bücher als über die vagen Erinnerungen, die den jeweiligen Umständen entsprechend umgeformt werden.

*

Vor diesem Vergessensprozess kann sich kein Leser, auch keiner der ganz großen, in Sicherheit wiegen. Selbst Montaigne, den man gewöhnlich mit der antiken Kultur und den Bibliotheken in Verbindung bringt, ist davon betroffen, stellt er sich doch frei heraus, in einer Offenheit, die bereits auf Valéry hinweist, als ein vergesslicher Leser dar.

Tatsächlich ist die Gedächtnisschwäche ein immer wiederkehrendes, wenn auch nicht das berühmteste Thema seiner *Essais*[1]. Immer wieder beklagt sich Montaigne über dieses Problem und die Unannehmlichkeiten, die es ihm bereitet. So erzählt er, dass er jedes Mal, wenn er sich in seine Bibliothek begibt, um etwas nachzuschlagen, unterwegs vergisst, was er eigentlich wollte.[2] Im Gespräch sieht er sich zu einer gedrängten Redeweise gezwungen, aus Angst, er könnte den Faden seines Gedankens verlieren. Und da er absolut unfähig ist, einen Namen zu behalten, beschließt er,

1 QB und EB ++
2 Michel Eychem de Montaigne, *Essais.* Erste moderne Gesamtübersetzung von Hans Stilett, Frankfurt a.M. 1998, Zweites Buch, S. 485

seine Diener mit dem ihrer Tätigkeit oder ihrer Heimat zu rufen.

Das Problem spitzt sich derart zu, dass Montaigne, stets am Rande einer Identitätskrise, bisweilen sogar befürchtet, seinen eigenen Namen zu vergessen, und sich fragt, wie er auf erträgliche Weise weiterleben könne, wenn ein solches Missgeschick, das ganz in der Logik seiner Gedächtnislücken liegt, eines unvermeidlichen Tages eingetroffen sein wird.

Eine derart umfassende Gedächtnisschwäche wirkt sich natürlich auch auf die gelesenen Bücher aus, und gleich zu Beginn des Kapitels, das er ihnen widmet, gesteht Montaigne freimütig seine Schwierigkeit, eine Spur von seiner Lektüre in Erinnerung zu behalten:

> »Wenn ich also auch ein Mensch bin, der einiges gelesen hat, so doch einer, der nichts behält.«[3]

Wir haben es hier mit einem progressiven, systematischen Verblassen zu tun, das nacheinander sämtliche Bestandteile des Buches – vom Autor bis zum Text – erfasst, die sich einer nach dem anderen aus seinem Gedächtnis davonmachen, genauso schnell, wie sie darin Eingang gefunden haben:

> »Statt die Bücher durchzuarbeiten, blättre ich bloß darin herum. Was hiervon haften bleibt, erkenne ich nicht mehr als fremdes Gut – ich behalte es einfach als die Gedanken und Vorstellungen, die mein Geist eingesogen

3 Ibid. S.121

und so für sich genutzt hat. Den Verfasser, den Ort, den Wortlaut und andre Einzelheiten hingegen vergesse ich sofort.«[4]

Dieses Auslöschen ist übrigens nichts anderes als die Kehrseite einer Bereicherung, denn gerade, weil Montaigne sich angeeignet hat, was er gelesen hat, vergisst er so prompt, als ob das Buch nichts als der provisorische Träger einer unpersönlichen Weisheit wäre und nach vollendeter Aufgabe, nachdem es seine Botschaft übermittelt hat, nur noch zu verschwinden habe. Doch mit dem Hinweis, dass das Vergessen nicht nur negative Aspekte hat, sind nicht alle Probleme gelöst, schon gar nicht die psychologischen, die damit verbunden sind, und auch die Angst ist nicht aus der Welt geschafft, der noch Vorschub geleistet wird durch die tägliche Notwendigkeit, mit anderen zu sprechen, die Angst, nichts in seinem Gedächtnis behalten zu können.

*

Nun kennt zwar jeder Unannehmlichkeiten dieser Art, kann doch eine Lektüre immer nur eine unbeständige, vergängliche Kenntnis vermitteln. Das Besondere an Montaigne, das die ganze Tragweite seiner Gedächtnisstörungen aufzeigt, scheint hingegen, dass er unfähig ist, sich zu erinnern, ob er ein bestimmtes Buch überhaupt gelesen hat.

»Mein Gedächtnis pflegt mich derart im Stich zu lassen, daß ich schon mehrfach Bücher als mir neu und un-

4 Ibid., S. 486

> bekannt in die Hand nahm, die ich einige Jahre zuvor sorgfältig gelesen und sogar mit eignen Anmerkungen vollgekritzelt hatte. Um dieser Schwäche ein wenig abzuhelfen, habe ich es mir seit einiger Zeit zur Gewohnheit gemacht, am Schluß jedes Buchs (freilich nur bei jenen, mit denen ich mich kein zweites Mal abgeben will) das Datum, da ich die Lektüre beendete, sowie mein zusammenfassendes Urteil darüber einzutragen, auf daß ich mir so zumindest den beim Lesen von der Wesensart des Autors gewonnenen allgemeinen Eindruck jederzeit in Erinnrung rufen könne.«[5]

Das Gedächtnisproblem wird hier noch dadurch verschärft, dass das Vergessen nicht mehr nur das Buch, sondern auch das Lesen betrifft. Es löscht nicht allein den Gegenstand aus – der in Umrissen zumindest vage in Erinnerung bleibt –, sondern den Akt des Lesens selbst, als ob die Radikalität des Entschwindens schließlich alles erfassen würde, was zum Gegenstand gehört. Und so darf man sich zu Recht fragen, ob eine Lektüre, von der man nicht mehr weiß, ob sie stattgefunden hat, überhaupt noch die Bezeichnung Lektüre verdient.

Eigenartigerweise kann man sich, wenn man sieht, wie relativ genau sich Montaigne an gewisse Bücher erinnert, die er nicht mochte (so ist er zum Beispiel fähig, die einzelnen Texttypen bei Cicero oder sogar die Bücher der *Aeneis*[6] zu unterscheiden), des Eindrucks nicht erwehren, dass am ehesten diese Texte – vielleicht weil sie ihn mehr als andere frappiert haben – gegen das Vergessen gefeit sind. Auch hier wieder

5 Ibid., S. 139
6 EB ++

erweist sich der emotionale Faktor, wenn das hypothetisch reale Buch durch das Deckbuch ersetzt wird.

Der Erinnerung unfähig, löst Montaigne sein Gedächtnisproblem durch ein findiges System von Anmerkungen am Ende des Buches. Deren Aufgabe besteht darin, ihm zu helfen, die Meinung, die er sich zum Zeitpunkt des Lesens über den Autor und sein Werk gemacht hat, später, wenn das Vergessen eingesetzt hat, wieder abrufen zu können. Es ist anzunehmen, dass sie ihm gleichzeitig auch die Gewissheit geben sollten, dass er die Werke tatsächlich gelesen hat, in denen er sie festgehalten hat wie Wegmarken als Zeugen eines früheren Durchgangs mit der Funktion, spätere Perioden der Amnesie zu überdauern.

★

Was dann kommt in diesem Text über die Bücher, ist noch erstaunlicher. Nachdem er dem Leser seine Gründe und das Prinzip seines Anmerkungsapparats dargelegt hat, lässt es sich Montaigne nicht nehmen, Auszüge daraus zu zitieren und also über Bücher zu reden, von denen er nur noch mit Mühe sagen kann, ob er sie gelesen hat oder nicht, da er ihren Inhalt vergessen hat und gezwungen ist, zu seinen eigenen Anmerkungen zu greifen, um sich daran zu erinnern:

> »Hier zunächst, was ich vor etwa zehn Jahren in meinen Guicciardini eintrug (denn in welcher Sprache meine Bücher auch mit mir reden, ich rede mit ihnen in der meinen) ...«[7]

7 Ibid., S. 139

Der erste so »kommentierte« Autor ist in der Tat der Renaissance-Historiker Guicciardini, den Montaigne als »eifrigen Geschichtsschreiber«[8] und als umso vertrauenswürdiger beurteilt, als er selbst an den Ereignissen beteiligt war, von denen er berichtet, und wenig zur Liebedienerei gegenüber den Großen zu neigen schien. Ein zweites Beispiel ist Philippe de Commines[8], den er nicht genug loben kann, bewundert er an ihm doch die einfache Sprache, die schnörkellose Darstellung und das Fehlen jeder Eitelkeit. Eine dritte Erwähnung betrifft die Memoiren[10] Du Bellays, eines Autors, an dem er schätzt, dass er verantwortungsvolle Ämter innehatte, von dem er jedoch befürchtet, dass es sich bei seiner Schrift eher um ein Plädoyer für den König als um ein Geschichtswerk handelt.[11]

Wenn Montaigne seine Kommentare zu diesen Texten liest, von denen man erst nicht weiß, ob er sich an ihre Lektüre erinnert, dann, als er sich erinnert, ob noch etwas davon haften geblieben ist, so befindet er sich in einer Situation der Verdoppelung. Der Kommentar, den er tatsächlich liest, ist nicht wirklich seiner, ohne ihm deswegen ganz fremd zu sein. Er teilt dem Leser den Eindruck mit, den er früher über diese Bücher gehabt hat, ohne sich die Mühe zu machen, nachzuprüfen, ob er übereinstimmt mit dem, was er heute empfinden könnte.

Unser Freund des Zitats hat es hier mit einer recht einzigartigen Situation zu tun, da er nicht andere Schriftsteller,

8 Ibid.
9 Ibid., S. 140
10 UB +
11 Ibid., S. 141

sondern sich selbst zitiert. Im äußersten Fall verschwindet jede Unterscheidung zwischen Zitat und Selbstzitat, da Montaigne, der vergessen hat, was er über diese Autoren und sogar, dass er etwas über sie gesagt hat, für sich selbst ein anderer geworden ist, durch seine Gedächtnisschwäche von sich selbst getrennt, und das Lesen seiner eigenen Texte ist der Versuch, sich wiederzufinden.

Doch so verblüffend die Idee eines Systems von Anmerkungen, das er dem Leser mitteilen will, ist, so zieht Montaigne damit doch nur die logischen Konsequenzen aus etwas, das jeder, der mit Büchern vertraut ist, genau kennt, ob er sie nun überfliegt oder nicht und in welchem Zustand sich sein Gedächtnis auch befinden mag. Er behält von ihnen, ob mit oder ohne Anmerkungen, und selbst wenn er ernsthaft glaubt, zuverlässige Erinnerungen zu bewahren, nur einige zerstreute Elemente, die wie Inselchen aus einem Ozean des Vergessens herausragen.

★

Aber der Leser ist mit dem Wundern noch nicht zu Ende. So erfährt er, dass Montaigne, der die Bücher der anderen vergisst, bis er überhaupt nicht mehr weiß, ob er sie gelesen hat, sich an seine eigenen genauso wenig erinnern kann.

> »Wahrhaftig kein Wunder, daß mein eignes Buch das Los der andern teilt, wenn mein Gedächtnis das, was ich schreibe, ebenso fahren läßt wie das, was ich lese, und was ich gebe ebenso, wie was ich empfange!«[12]

12 Ibid., S. 486

Unfähig, sich zu erinnern, was er geschrieben hat, findet sich Montaigne mit der Furcht konfrontiert, die all jene kennen, die mit dem Gedächtnisverlust zu kämpfen haben: dass sie sich unwissentlich wiederholen und die beklemmende Erfahrung machen, die Fähigkeit zum Schreiben zu verlieren, weil man, ohne es zu merken, sich selbst allzu treu ist. Eine Furcht, die umso begründeter ist, als die Essais nicht von aktuellen Themen handeln, sondern von zeitlosen Fragen, die für den Schriftsteller ohne Gedächtnis die Gefahr in sich bergen, dass er sie versehentlich ein zweites Mal auf identische Weise behandeln könnte:

> »Jedenfalls trage ich hier keine neuen Erkenntnisse vor – dies sind landläufige Überlegungen. Eben weil sie auch mir vielleicht schon hundertmal durch den Kopf gingen, argwöhne ich, sie bereits aufgezeichnet zu haben.«[13]

Diese »öden Wiederholungen«, die Montaigne schon bei einem Autor wie Homer bedauert, dem er genau das vorwirft, scheinen ihm ein wahres »Desaster« für Texte wie die seinen, »die nur oberflächlich und flüchtig dahinplätschern« und die er folglich ohne sein Wissen noch einmal schreiben könnte, wortwörtlich, ein Kapitel nach dem anderen.

Doch die Angst, sich zu wiederholen, ist nicht die einzige unangenehme Konsequenz aus diesem Vergessen seiner Bücher. Eine andere ist, dass Montaigne seine eigenen Texte nicht einmal wiedererkennt, wenn man in seiner An-

13 Drittes Buch, S. 279

wesenheit daraus zitiert (»Man zitiert mir bei jeder Gelegenheit meine Worte, ohne daß ich sie erkenne.«[14]), und damit in die Situation gerät, über Texte zu sprechen, die er nicht gelesen, obwohl er sie selbst geschrieben hat.

Das Lesen ist somit bei Montaigne nicht nur mit der Gedächtnisschwäche, sondern durch die Spaltungen, die es bewirkt, genauso mit der Angst vor dem Verrücktwerden verbunden. Ist es Bereicherung in dem Moment, in dem es stattfindet, führt es gleichzeitig zu einer Depersonalisation, da es aufgrund unserer Unfähigkeit, den geringsten Text zu immobilisieren, unaufhörlich ein Subjekt hervorbringt, das nicht in der Lage ist, mit sich selbst übereinzustimmen.

*

In stärkerem Maße noch als die anderen Autoren, denen wir begegnet sind, erweckt Montaigne mit seinen wiederholten Erfahrungen der Selbstabwesenheit den Eindruck, jede Grenze zwischen Lesen und Nichtlesen zu verwischen. Denn wenn jedes gelesene Buch augenblicklich aus dem Bewusstsein zu verschwinden beginnt, bis es unmöglich wird, sich zu erinnern, ob man es gelesen hat, droht der Begriff des Lesens selbst seine ganze Legitimität zu verlieren, da ein Buch, aufgeschlagen oder nicht, irgendwann so viel bedeutet wie jedes andere.

Auch wenn es übertrieben scheint, so sagt Montaignes Verhältnis zu den Büchern doch nichts als die Wahrheit über unser eigenes Verhältnis zu ihnen. Wir bewahren keine homogenen Bücher im Gedächtnis, sondern der partiellen

14 Ibid., S. 486

Lektüre entrissene Fragmente, die sich nicht selten untereinander vermischen und darüber hinaus unserer persönlichen Wunschvorstellung entsprechend umgeformt werden: Bruchstücke von verfälschten Büchern, analog zu den Deckerinnerungen, von denen Freud spricht, die vor allem die Aufgabe haben, andere zu verbergen.

Eher als von Lesen müsste man also mit Montaigne von *Ent-Lesen* sprechen, um diesen unendlichen Vorgang des Bücher-Vergessens zu beschreiben, in den wir gezwungenermaßen verwickelt sind: eine Bewegung gleichzeitig des Verschwindens und Verwirrens von Referenzen, welche die Bücher umformt, oft auf ihre Titel oder auf ein paar ungefähre Seiten reduziert und in undeutliche Schatten auf der Oberfläche unseres Bewusstseins verwandelt.

Dass die Bücher nicht nur mit Erkenntnis, sondern auch mit dem Verlust des Gedächtnisses, ja, der Identität zu tun haben, ist ein Element, das bei jeder Auseinandersetzung über das Lesen mitgedacht werden sollte, da andernfalls nur der positive und bereichernde Aspekt der Begegnung mit einem Text berücksichtigt wäre. Lesen heißt nicht nur, sich zu informieren, es heißt auch – und vielleicht vor allem – zu vergessen, heißt also, sich mit unserer Selbstvergessenheit konfrontiert zu sehen.

Das *lesende Subjekt*, wie es Montaigne auf diesen Seiten zeichnet, ist also kein homogenes, selbstbewusstes, sondern ein zutiefst unsicheres Wesen, verloren zwischen Textfragmenten, die es nur mit Mühe identifizieren kann, und das durch das Leben unaufhörlich mit schrecklichen Situationen konfrontiert wird, in denen es, unfähig geworden, zu unterscheiden, was von dem, was zum anderen gehört, zu ihm gehört, durch seine Begegnungen mit den Büchern ständig Gefahr läuft, an seinen eigenen Wahnsinn zu stoßen.

⋆

So beklemmend Montaignes Erfahrung ist, sie kann durchaus auch positive Auswirkungen haben, indem sie nämlich all jene beruhigt, die sich von der Bildung ein unerreichbares Idealbild machen. Dabei ist es entscheidend, sich stets vor Augen zu halten, dass noch die gewissenhaftesten Leser, mit denen wir es gelegentlich zu tun bekommen, laut Montaigne in erster Linie unfreiwillige Nichtleser sind, auch was die Bücher betrifft, die sie im guten Glauben zu beherrschen meinen.

Sich das Lesen eher als Verlust vorzustellen – resultiert dieser nun aus dem Lesen eines Buches, dem Zugang über das Hörensagen oder aus einem allmählichen Vergessen – denn als Gewinn, stellt eine wesentliche psychologische Triebfeder dar für jemanden, der effiziente Strategien aufstellen möchte, wie man mit den peinlichen Situationen fertig wird, die das Leben für uns bereithält, Situationen, für die wir uns jetzt, nachdem wir die verschiedenen Typen des Nichtlesens definiert haben, näher interessieren sollten.

GESPRÄCHSSITUATIONEN

Erstes Kapitel

IM GESELLSCHAFTSLEBEN

in dem Graham Greene von einer alptraumhaften Situation erzählt, in der sich der Held einem ganzen Saal von Bewunderern gegenübersieht, die gespannt darauf warten, dass er sich zu Büchern äußert, die er nicht gelesen hat

Nachdem wir die Haupttypen des Nichtlesens untersucht haben, die sich, wie wir gesehen haben, nicht nur auf ein reines Ausbleiben der Lektüre zurückführen lassen, sondern noch weit subtilere Formen annehmen können, möchte ich jetzt auf ein paar charakteristische Situationen zu sprechen kommen, in denen sich der Leser, oder besser der Nichtleser, gezwungen sieht, über Bücher zu sprechen, die er nicht gelesen hat. Hier können ihm die folgenden, von meinen persönlichen Erfahrungen inspirierten Überlegungen, so hoffe ich wenigstens, nützlich sein.

Ich denke da besonders an Situationen, die das gesellschaftliche Leben mit sich bringt, insbesondere an all jene sozialen Anlässe, in denen wir uns vor einer Gruppe äußern müssen. Wenn sich zum Beispiel das Gespräch auf einer Abendveranstaltung um ein Buch dreht, das wir nicht gelesen haben, und wir versuchen müssen, eine gute Figur zu machen - entweder, weil das besagte Werk jedem gebildeten Menschen bekannt sein müsste oder weil wir den Fehler begangen haben, voreilig zu sagen, wir hätten es gelesen.

Ein unangenehmer Augenblick, dem man jedoch mit etwas Geschick ohne große Mühe beikommt, zum Beispiel, indem man das Gespräch auf ein anderes Thema lenkt. Die Situation kann jedoch rasch zum Alptraum werden, wenn die Person, die über ein ungelesenes Buch sprechen muss, der Aufmerksamkeit eines größeren Publikums ausgesetzt ist, das ihre Äußerungen mit Spannung erwartet. Man muss bei diesem Fall, der eine ganze Reihe verdrängter Kindheitsängste ins Bewusstsein zurückruft, unweigerlich an Freuds sogenannten »Prüfungstraum« denken, in dem der entsetzte Träumer sich vorstellt, zu einem Examen antreten zu müssen, auf das er sich nicht vorbereitet hat.[1]

★

Genau das passiert Rollo Martins in Graham Greenes Roman *Der dritte Mann*[2], der Carol Reed zu seinem berühmten Film inspiriert hat. Als Hauptfigur der Geschichte gelangt Martins zu Beginn des Buchs ins Nachkriegs-Wien, das in vier Sektoren aufgeteilt ist, die von Frankreich, England, den Vereinigten Staaten und der UdSSR verwaltet werden.

1 »Jeder, der mit der Maturitätsprüfung seine Gymnasialstudien abgeschlossen hat, klagt über die Hartnäckigkeit, mit welcher der Angsttraum, daß er durchgefallen sei, die Klasse wiederholen müsse u. dgl., ihn verfolgt. Für den Besitzer eines akademischen Grades ersetzt sich dieser typische Traum durch einen anderen, der ihm vorhält, daß er beim Rigorosum nicht bestanden habe, und gegen den er vergeblich noch im Schlaf einwendet, daß er ja schon seit Jahren praktiziere, Privatdozent sei oder Kanzleileiter. Es sind die unauslöschlichen Erinnerungen an die Strafen, die wir in der Kindheit für verübte Untaten erlitten haben, die sich so an den beiden Knotenpunkten unserer Studien, an dem ›*dies irae, dies illa*‹ der strengen Prüfungen in unserem Inneren wieder geregt haben.« (Sigmund Freud, *Die Traumdeutung* (1900), VB ++, Gesammelte Werke II/III, S. 280)

2 QB ++

Martins hat sich auf Einladung seines Jugendfreundes Harry Lime nach Wien begeben. Als er jedoch Limes Wohnung aufsucht, erfährt er, dass dieser beim Verlassen seines Hauses von einem Auto überfahren und tödlich verletzt worden ist. Er geht zum Friedhof, auf dem gerade die Beerdigung stattfindet, und lernt dabei Anna, die Geliebte Limes, kennen sowie Calloway, einen Mann der Militärpolizei.

Als er in den folgenden Tagen Zeugen befragt, stößt er in ihren Berichten auf Ungereimtheiten und gelangt zu der Überzeugung, dass sein Freund nicht Opfer eines Unfalls, sondern eines Mordes geworden ist. Auch Calloway hat Zweifel an den Umständen von Limes Tod, allerdings aus anderen Gründen. Er weiß, dass dieser nicht nur der aufmerksame Freund war, als den ihn Martins in Erinnerung behalten hat, sondern auch ein skrupelloser Verbrecher, der sich in den Wirren der Nachkriegszeit durch Schieberei mit gestrecktem Penizillin bereicherte, dessen Einnahme für seine Kunden tödlich sein kann.

Als Martins eines Tages aus Annas Haus tritt, in die er sich mittlerweile verliebt hat, bemerkt er einen Mann, der ihm aufgelauert hat und sich als Lime entpuppt. Dieser ist tatsächlich noch immer am Leben, hat aber aus Angst vor einer Verhaftung mithilfe von Komplizen seinen eigenen Tod inszeniert.

Durch Vermittlung eines dieser Komplizen verlangt Martins, Lime wiederzusehen. Das Treffen findet im Riesenrad des Wiener Praters statt. Lime stellt sich als der sympathische Junge dar, den Martins seit seiner Kindheit kennt, lässt aber für Momente auch Züge eines gewissenlosen Menschen durchscheinen, den das Schicksal seiner Opfer kaltlässt.

Entsetzt darüber, was aus seinem Freund geworden ist, beschließt Martins, mit der Polizei zusammenzuarbeiten und ihn in eine Falle zu locken, indem er ein zweites Treffen organisiert. Doch Lime kann sich in ein unterirdisches Kanalnetz flüchten, wo er angeschossen wird und Martins ihm schließlich, um ihm weitere Qualen zu ersparen, den Gnadenschuss gibt, bevor er Wien gemeinsam mit Anna verlässt.

*

Dieser kriminalistische Haupterzählstrang wird durch einen zweiten, humoristischeren ergänzt, der mit der beruflichen Tätigkeit Martins' zusammenhängt. Dieser ist Schriftsteller, auch wenn er diese Bezeichnung nicht für sich in Anspruch nimmt. Seine Bescheidenheit erklärt sich dadurch, dass er keine große Literatur schreibt, sondern unter dem Pseudonym Buck Dexter »Westernromane« mit so vielsagenden Titeln wie *Der Todesreiter von Santa Fé*[3] verfasst.

Das Pseudonym Buck Dexter führt zu einem Missverständnis, das über das ganze Buch anhält. Denn Martins wird von der Kulturabteilung der Botschaft mit einem anderen Dexter verwechselt, einem elitären Romancier, der den Vornamen Benjamin trägt und sich mit Werken wie *Der krumme Schiffsschnabel*[4] im Dunstkreis von Henry James bewegt.

Martins hütet sich allerdings, die Verwechslung aufzu-

3 UB ++
4 UB –

decken, denn er ist ohne Geld nach Wien gekommen, und seine neue Identität hat ihn in den Genuss eines Hotelzimmers gebracht, von dem aus er seine Untersuchungen vorantreiben kann. Dafür aber ist er gezwungen, dem Repräsentanten der Kulturabteilung, Crabbin, aus dem Weg zu gehen, weil er sonst seinen Verpflichtungen nachkommen müsste.

Die Sache wird brenzlig, als Martins von Crabbin eines Abends gewaltsam ins Auto verfrachtet wird, damit er vor einem Publikum von Bewunderern einen literarischen Vortrag hält. Als Dexter gerät er so in die Situation, Bücher von Dexter kommentieren zu müssen, Werke, für die er eigentlich Spezialist sein müsste – da man davon ausgeht, dass er mit ihm identisch ist –, während er sie in Wahrheit weder geschrieben noch gelesen hat.

*

Dexters Lage ist umso komplexer, als der andere Dexter in einer literarischen Region zu Hause ist, die ihm als Verfasser von Mainstream-Romanen völlig fremd ist. Sodass Martins nicht nur außerstande ist, auf Fragen aus dem Publikum zu antworten, sondern meistens nicht einmal deren Sinn versteht:

> »Martins überhörte die erste Frage vollständig, aber zum Glück sprang Crabbin in die Bresche und beantwortete sie zufriedenstellend.«[5]

5 GRAHAM GREENE, *Der dritte Mann.* Aus dem Englischen von Fritz Burger und Käthe Springer, Wien 1994, S.81

Martins' Schwierigkeiten scheinen unüberwindlich, da er es nicht mit einer beliebigen Gruppe von Lesern zu tun hat, sondern mit einem Kreis von Liebhabern, die für die Literatur an sich und für »seine« Werke im Besonderen schwärmen und die nun, als sie Dexter endlich einmal vor sich haben und ihm ihre Bewunderung zum Ausdruck bringen können, durch fachmännische Fragen auf sich aufmerksam machen wollen:

> »Eine freundlich aussehende Frau in einem handgestrickten Jumper sagte wehmütig: ›Finden Sie nicht auch, Mr. Dexter, daß niemand, niemand so poetisch über Gefühle geschrieben hat wie Virginia Woolf? In Prosa, meine ich.‹
> Crabbin flüsterte: ›Sie könnten etwas über den schöpferischen Bewußtseinsstrom erzählen.‹
> ›Über was für einen Strom?‹«[6]

Auch die Frage nach den Schriftstellern, die sein Werk beeinflusst haben, bringt Martins rasch in Schwierigkeiten, da er zwar durchaus Vorbilder hat, sich aber zu einer ganz anderen literarischen Gattung zählt als sein gleichnamiger Kollege, nämlich zur Unterhaltungsliteratur:

> »›Mr. Dexter, würden Sie uns bitte sagen, welcher Schriftsteller Sie am stärksten beeinflußt hat?‹
> Gedankenlos antwortete Martins: ›Grey.‹ Er meinte natürlich den Verfasser von ›Das Gesetz der Mormo-

6 Ibid., S.83

nen‹[7], und stellte mit Genugtuung fest, daß diese Auskunft alle Anwesenden befriedigte – ausgenommen einen bejahrten Österreicher, der sofort fragte: ›Grey? Was für ein Grey? Der Name ist mir unbekannt.‹
Martins fühlte sich auf sicherem Boden und erwiderte: ›Zane Grey – einen anderen kenne ich nicht‹, und war verblüfft von dem leisen, unterwürfigen Gelächter, das von der englischen Kolonie im Publikum kam.«[8]

Dass Martins einfach irgendeinen Unsinn antwortet, hat offensichtlich keine unmittelbaren Auswirkungen auf die Diskussion, die ihren normalen Verlauf nimmt. Das hat damit zu tun, dass der Dialog sich in einem irrealen Raum abspielt, in einer imaginären Welt, die anderen Gesetzen unterliegt als unsere gewöhnlichen Unterhaltungen.

★

Da Crabbin aber doch spürt, dass Martins in Schwierigkeiten ist, schaltet er sich schließlich ein, doch mit seinem Eingreifen macht er die Lage unfreiwillig noch komplizierter, weil er das Missverständnis zwischen Autor und Publikum weiter verstärkt:

»›Das war ein kleiner Scherz von Mr. Dexter. Er meinte den Dichter Gray – einen feinen, sanften, subtilen Genius –, man sieht sofort die geistige Verwandtschaft.‹
›Und er heißt Zane Grey?‹
›Nein, darin lag eben Mr. Dexters Scherz. Zane Grey

7 UB ++
8 Ibid., S.81

schrieb sogenannte Wildwestromane – billige, populäre Abenteuergeschichten über Banditen und Cowboys.‹
›Und er ist kein großer Schriftsteller?‹
›Nein, nein, weit davon entfernt‹, sagte Mr. Crabbin. ›Strenggenommen würde ich ihn überhaupt nicht als Schriftsteller bezeichnen.‹«[9]

Mit diesen Worten aber fordert Crabbin Martins heraus, muss er sie doch als Angriff auf den Bereich der Literatur auffassen, der sein persönliches Universum, ja seinen Lebensinhalt ausmacht. Und so beginnt sich Martins, der sich unter normalen Umständen gar nicht als Schriftsteller betrachtet, schließlich doch als einer zu fühlen, als ihm diese Eigenschaft öffentlich abgeschrieben wird:

»Martins erzählte mir, daß bei dieser Behauptung in ihm erstmals etwas zu revoltieren begonnen habe. Er hatte sich nie als Schriftsteller betrachtet, aber Crabbins Selbstzufriedenheit reizte ihn – selbst die Art, wie sich in Crabbins dicken Brillengläsern blitzend das Licht brach, schien seinen Ärger zu erhöhen. Crabbin fuhr fort: ›Er ist nichts weiter als ein volkstümlicher Unterhaltungsschriftsteller …‹
›Und was, zum Teufel, spricht dagegen?‹ fiel ihm Martins heftig ins Wort.
›Ah, mh – ich meinte ja nur …‹
›Was war Shakespeare?‹«[10]

9 Ibid., S. 81f.
10 Ibid. S. 82

Damit ist das Ganze vollends unentwirrbar geworden, da Crabbin – der einem Schriftsteller zu Hilfe eilen will, der die Bücher, über die er spricht, nicht gelesen hat, weil er sie nicht geschrieben hat – sich selbst in die gleiche Lage manövriert, denn er sieht sich nun ebenfalls genötigt, über Bücher zu sprechen, die er nicht kennt, was ihm Martins auch postwendend unter die Nase reibt:

»›Haben Sie jemals Zane Grey gelesen?‹
›Nein, eigentlich nicht …‹
›Dann wissen Sie gar nicht, wovon Sie reden.‹«[11]

Eine Replik, der man kaum widersprechen kann, auch wenn Crabbin sein Urteil von dem Platz herleitet, den Grey in dieser kollektiven Bibliothek einnimmt, die uns erlaubt, eine Vorstellung über Bücher zu entwickeln. Aufgrund des Genres, zu dem seine Romane gehören, ihres Titels und Martins' eigenen Anspielungen ist er nicht weniger berechtigt, seine Meinung zu äußern, als alle anderen versierten Nichtleser, denen wir in diesem Buch begegnet sind und die mit ihren Eindrücken ebenso wenig hinter dem Berg halten.

*

Trotz des überraschten Raunens, das immer wieder durchs Publikum geht, zieht sich Martins ziemlich gut aus der Affäre, und das aus zwei Gründen.

Der erste ist die unerschütterliche Selbstsicherheit, die er gegenüber sämtlichen Fragen an den Tag legt:

11 Ibid.

»›Und James Joyce, wo würden Sie James Joyce einreihen, Mr. Dexter?‹

›Was meinen Sie mit ›einreihen‹? Ich will keinen Menschen irgendwo einreihen‹, rief Martins. Es war ein sehr ereignisreicher Tag gewesen: Bei Oberst Cooler hatte er zuviel getrunken; dann hatte er sich verliebt; ein Mensch war ermordet worden – und jetzt bildete er sich, freilich ganz ohne Grund, ein, daß man sich über ihn lustig machen wollte. Zane Grey hatte er immer schon verehrt: Auf ihn ließ er nichts kommen!

›Ich meine: Würden Sie ihn wirklich zu den ganz Großen zählen?‹

›Wenn Sie es unbedingt wissen wollen: Ich habe noch nie von ihm gehört. Was hat er denn geschrieben?‹«[12]

Diese Selbstsicherheit Martins' mag zum Teil in seinem Charakter liegen, doch hat sie auch mit der Autoritätsposition zu tun, die der Veranstalter und das Publikum ihm zugebilligt haben. Was immer er auch sagt, wird zu seinen Gunsten ausgelegt, denn aufgrund des symbolischen Orts, den er einnimmt, solange seine Identität nicht gelüftet wird, ist ausgeschlossen, dass er eine Dummheit sagen könnte. Je offener er seine Unkenntnis zeigt, umso überzeugender wirkt er auf einer anderen Ebene:

»Es war ihm nicht bewußt, aber er machte einen ungeheuren Eindruck. Nur ein ganz großer Schriftsteller konnte sich ein so arrogantes, so originelles Auftreten

12 Ibid.

leisten. Mehrere Anwesende notierten sich den Namen Zane Grey auf dem Rücken von Briefumschlägen, und die Gräfin flüsterte Crabbin mit heiserer Stimme zu: ›Wie schreibt man Zane?‹

›Offen gestanden, ich weiß es nicht ganz genau.‹

Mehrere Namen wurden Martins nun gleichzeitig entgegengeschleudert – kleine, scharf gespitzte Namen wie ›Stein‹, runde Bachkiesel wie ›Woolf‹. Ein junger Österreicher, dem eine intellektuelle schwarze Locke in die Stirn fiel, rief: ›Daphne du Maurier‹, und Mr. Crabbin zuckte zusammen. Er sah Martins von der Seite an und sagte zu ihm mit gedämpfter Stimme: ›Seien Sie nett zu ihnen.‹«[13]

Diese Autoritätsposition ist ein wesentliches Element in einem Gespräch über Bücher, und sei es nur, weil das einfache Zitieren eines Textes meistens eine Art ist, seine eigene Autorität unter Beweis zu stellen oder anderen die ihre streitig zu machen. Martins kann Benjamin Dexter mit der Tradition des Westerns in Verbindung bringen, ohne Widerspruch befürchten zu müssen: Entweder werden seine Behauptungen als originelle Einfälle akzeptiert, oder sie werden, wenn sie allzu überspannt sind, seinem Humor zugeschrieben.[14] In beiden Fällen steht die Richtigkeit seiner

13 Ibid., S. 82f.

14 Auf seinem Flug nach Wien macht Martins in Frankfurt Station, wo er ebenfalls mit dem anderen Dexter verwechselt wird, und schon dort werden seine offenen Antworten als Humor gedeutet: Ein Herr, »den er schon auf zehn Meter Entfernung als Journalisten erkannte«, näherte sich seinem Tisch.
›Mr. Dexter?‹ fragte er.

Äußerungen schon fest, bevor sie formuliert sind, und der Inhalt des Gesagten spielt somit nur eine untergeordnete Rolle.

Die Mächte aufzudecken und zu untersuchen, die im Spiel sind, oder, wenn man lieber will, die Situation genau zu analysieren, in der man sich befindet, wenn man über Literatur spricht, ist ein wesentlicher Teil unserer Reflexion über ungelesene Bücher, denn nur diese Analyse kann uns zu einer effizienten Strategie verhelfen, wenn wir uns, wie hier Martins, in einer unterlegenen Position befinden. Wir werden noch Gelegenheit haben, darauf zurückzukommen.

★

In der beschriebenen öffentlichen Lesung sieht sich also ein Schriftsteller, der die Bücher, über die er sprechen muss, nicht gelesen hat, mit einem Publikum konfrontiert, das die Bücher nicht gelesen hat, die er geschrieben hat. Wir haben hier ein perfektes Beispiel dessen vor uns, was wir gemeinhin als *Dialog unter Tauben*[15] bezeichnen, als Aneinandervorbeireden.

Zwar wird diese Situation in *Der dritte Mann* auf die Spitze getrieben, doch ist sie im Zusammenhang mit dem Reden über Bücher gar nicht so unüblich, wie man meinen möchte. Zum einen kommt es häufig vor, dass die diversen

›Ja‹, antwortete Martins in seiner Verblüffung.
›Sie sehen jünger aus als auf Ihren Fotos‹, sagte der andere.[...]
›Wie wär's mit einem Urteil über den amerikanischen Roman?‹
›Ich lese keine‹, antwortete Martins.
›Der wohlbekannte bissige Humor‹, sagte darauf der Journalist.‹«
(Op.cit. S. 17)

15 Zu diesem Begriff siehe mein Buch *Enquête sur Hamlet. Le dialogue de sourds*, VB –, Paris 2002.

Gesprächspartner das Buch, über das sie diskutieren, nicht gelesen oder nur überflogen haben und sich also in Wahrheit gar nicht über dasselbe Werk unterhalten. Und selbst in dem eher seltenen Fall, dass sie es alle in der Hand gehaben und kennen, bezieht sich die Diskussion, wie wir am Beispiel von Umberto Eco gesehen haben, weniger auf das Buch selbst als auf einen fragmentarischen und neu geschaffenen Gegenstand, ein persönliches Deckbuch, das zu denen der anderen Leser in keiner Beziehung steht und daher nur wenig Chancen hat, mit ihnen übereinzustimmen.

Doch hier geht es um weit mehr als nur um ein einzelnes Buch. Das Aneinandervorbeireden hat nicht nur mit der Gegensätzlichkeit der beiden Autoren zu tun, über die Martins spricht, sondern auch mit der Tatsache, dass die beiden anwesenden Parteien auf der Grundlage zweier unterschiedlicher, ja gegensätzlicher Buchkomplexe, oder wenn man so will, Bibliotheken zu diskutieren versuchen. Es geht nicht einfach um zwei Bücher, sondern um ganze Listen unvereinbarer Namen (Dexter und Dexter, Grey und Gray), die aufgrund des großen Unterschieds oder gar der Unversöhnlichkeit der beiden miteinander konfrontierten Lesekulturen nicht in Einklang gebracht werden können.

Man könnte diese Gesamtheit von Büchern, auf der sich eine Persönlichkeit erst bildet und die dann ihre Beziehung zu den Texten und zu anderen organisiert, als *innere Bibliothek*[16] bezeichnen – eine Untereinheit der kollektiven Bibliothek, die wir alle bewohnen. Eine Bibliothek, in der natür-

16 Als zweite von drei Bibliotheken, die ich in diesem Buch einführen werde, ist die *innere Bibliothek* der subjektive Teil der *kollektiven Bibliothek* und umfasst alle Bücher, die für ein Subjekt prägend sind.

lich auch bestimmte Titel vorkommen, die aber, wie die Montaignes, vor allem aus Fragmenten vergessener und imaginärer Bücher besteht, durch die wir die Welt erfassen.

Das Aneinandervorbeireden rührt in unserem Fall daher, dass die diversen inneren Bibliotheken des Publikums und die Martins' nicht oder nur bedingt miteinander übereinstimmen und ihre Berührungsflächen sehr gering sind. Die Diskussion beschränkt sich nicht auf ein Buch, auch wenn bestimmte Titel zur Sprache kommen, sondern bezieht sich im weiteren Sinne auf die Begriffe Buch und Literatur selbst. Das ist der Grund, warum die involvierten Bibliotheken nur schwer miteinander in Kommunikation treten können und alle Versuche dazu unweigerlich zu Spannungen führen müssen.

*

So sprechen wir nie nur über ein Buch miteinander, sondern immer zugleich über eine ganze Reihe von Büchern, die sich bei der Nennung eines bestimmten Titels in den Diskurs einbringen, da jeder stets auf einen ganzen Kulturbegriff verweist, dessen zeitweiliges Symbol er ist. In jedem Moment unseres Gesprächsaustauschs treten die inneren Bibliotheken, die wir uns im Laufe der Jahre aufgebaut, in denen wir unsere geheimen Bücher abgelegt haben, in Beziehung zu denen der anderen, was natürlich die Gefahr von Reibungen und Konflikten mit sich bringt.

Denn wir nehmen diese Bibliotheken nicht nur in uns auf, wir *sind* die Gesamtheit all dieser angesammelten Bücher, die uns nach und nach zu dem gemacht haben, was wir sind, und die nicht mehr schmerzlos von uns getrennt werden können.

Und genauso wie Martins die Kritik an den Romanen seiner Meister nicht erträgt, verletzen uns Worte, die an die Bücher unserer inneren Bibliothek rühren, manchmal im Tiefsten unserer selbst, weil sie etwas angreifen, das Teil unserer Identität geworden ist.

Zweites Kapitel

EINEM LEHRER GEGENÜBER

in dem sich beim Volksstamm der Tiv bestätigt, dass es absolut unnötig ist, ein Buch aufzuschlagen, um darüber eine kluge Meinung abzugeben, auch wenn das den Wissenschaftlern nicht gefällt

Als Lehrender bin ich wiederholt in die Situation geraten, vor einem großen Publikum Bücher kommentieren zu müssen, die ich nicht gelesen hatte, sei es im strengen Sinn – dass ich sie gar nicht erst aufgeschlagen hatte – oder in abgemilderter Form – dass ich sie nur überflogen oder wieder vergessen hatte. Ich bin nicht sicher, ob ich mich viel besser aus der Affäre gezogen habe als Rollo Martins, doch habe ich oft versucht, mir Mut zu machen, indem ich mir sagte, dass es meinen Zuhörern wahrscheinlich ähnlich ging und sie sich ihrer Sache auch nicht allzu sicher waren.

Im Lauf der Jahre konnte ich feststellen, dass sich manche meiner Studenten in einer solchen Situation keineswegs verunsichern lassen und sich immer wieder scharfsinnig, ja sogar recht präzise über ungelesene Bücher äußern, wobei sie sich auf die wenigen Elemente stützen, die ich ihnen, beabsichtigt oder nicht, geliefert habe. Um dort, wo ich unterrichte, niemanden in Verlegenheit zu bringen, wähle ich ein Beispiel, das zwar geografisch abgelegen, uns im Inhalt aber nah ist, das Beispiel der Tiv.

*

Stück	Nummer	Titel/Stichwort	€ /Ex.
	531383	Symbole der Liebe	1,99
	780758	Mein Buch für alle Tage	1,99

Stück	Nummer	Titel/Stichwort	€ /Ex.

Alle Preise inkl. MwSt. Versandkosten Deutschland 4,99 €, Schweiz/Österreich 6,95 €
Ausland: Europa 12,– €. Alle anderen Länder: 12,– € Grundgebühr zuzügl. 3,– € je kg

Telefon (030) 469 06 20 · Fax (030) 465 10 03

DV 02 0,35 Deutsche Post
*63 * Dialogpost

*K06/17 KD-NR.: 1170210 *

Herrn
Gert Zeising
Amorhof 67
63916 Amorbach

☐ Zusendung auf Rechnung / Ausland Vorkasse

☐ IBAN ______________________

☐ Kreditkarte ______________________

Besitzer ______________________

Karten-Nr. ______________________

Gültigkeit ______________________

Datum, Unterschrift ______________________

____
eMail-Adresse

Symbole der Liebe. Von Christoph Wetzel. Darmstadt 2011. Den Anfang machen Duft, Farben und Geschmack der Blumen und Früchte. Der Liebesflora folgt die Tierwelt als Liebesfauna. Zu den symbolischen Liebesutensilien zählt etwa Schmuck. Ein eigenes Kapitel widmet sich Symbolgestalten der Liebe, wie »Amor und Psyche« oder »Romeo und Julia« mit ihrer Wirkungsgeschichte bis zur »West Side Story«. (R) 22 x 22 cm, 100 S., 50 Abb. in Farbe, geb. **Früher 16,90 € jetzt 1,99 € Nr. 531383**

Mein Buch für alle Tage. Mit Stimmungsbarometer und Listen. Von Georg Behringer u.a. München 2013. Zum Tagebuchschreiben fehlen meist Inspiration und Muße. »Mein Buch für alle Tage« bietet eine tolle Lösung: Es gibt Stimmungsbarometer mit witzigen Ausschlägen, Felder zum Ausfüllen für unterschiedliche Themen, Situationen und Pläne. Egal, ob Pessimist oder Optimist, ob guter Tag oder schlechter Tag, ob ereignislos oder stresserfüllt – unter den Seiten findet sich immer eine, die passt! (R) 16 x 21,5 cm, 128 S., pb. **Früher 9,95 € jetzt 1,99 € Nr. 780758**

Bitte ausreichend freimachen

Deutsche Post
ANTWORT

FRÖLICH & KAUFMANN
Verlag und Versand GmbH
Postfach 650 634
13306 Berlin

Man kann die Tiv, die in Westafrika leben, zwar kaum als Studenten bezeichnen, doch genauso müssen sie sich vorgekommen sein, als eine Anthropologin namens Laura Bohannan sie mit einem Stück klassischer englischer Literatur bekannt zu machen versuchte, von dem sie noch nie gehört hatten, nämlich mit *Hamlet*[1].

Ihre Präsentation von Shakespeares Werk ist nicht ganz uneigennützig. Laura Bohannan ist Amerikanerin, und da sie gegenüber einem englischen Kollegen, der den Amerikanern die Fähigkeit absprach, Shakespeare zu verstehen, die Meinung vertreten hat, die menschliche Natur sei überall gleich, sieht sie sich von ihm herausgefordert, den Beweis dafür anzutreten. So führt sie, als sie nach Afrika aufbricht, *Hamlet* im Gepäck, in der Hoffnung, die Bestätigung zu finden, dass sich der Mensch über die kulturellen Unterschiede hinweg identisch bleibt.

Laura Bohannan findet Aufnahme in der Dorfgemeinschaft, bei der sie sich schon einmal aufgehalten hat, und wohnt auf dem Gehöft eines sehr weisen alten Mannes, Oberhaupt einer Gruppe von etwa hundertvierzig Menschen, die alle mehr oder weniger nah mit ihm verwandt sind. Die Anthropologin hätte sich mit ihren Gastgebern gerne über die Bedeutung ihrer Zeremonien unterhalten, diese aber verbringen die meiste Zeit mit Biertrinken. So bleibt ihr, allein in ihrer Hütte, nichts anderes übrig, als sich der Lektüre von Shakespeares Stück zu widmen, für das sie schließlich eine Interpretation findet, die ihr von zwingender Universalität scheint.

1 QB und EB ++

Doch die Tiv haben bemerkt, dass Laura Bohannan viel Zeit mit dem Lesen des ewig gleichen Textes verbringt und fordern sie neugierig auf, ihnen diese Geschichte zu erzählen, die sie so zu faszinieren scheint. Sie bitten sie, ihnen dabei sämtliche nötigen Erklärungen zu geben, und versprechen ihr im Gegenzug, großzügig über ihre sprachlichen Fehler hinwegzusehen. So bietet sich ihr die ideale Gelegenheit, ihre Hypothese zu überprüfen und den universell verständlichen Charakter von Shakespeares Stück unter Beweis zu stellen.

*

Die Probleme aber beginnen bereits, als Laura Bohannan am Anfang des Stückes zu erklären versucht, wie eines Nachts drei Männer, die vor dem Haus des großen Häuptlings Wache standen, plötzlich den verstorbenen Häuptling auf sich zukommen sahen. Erster Stein des Anstoßes, denn für die Tiv kann die bemerkte Gestalt unmöglich der verstorbene Häuptling sein:

»›Warum war er nicht mehr ihr Häuptling?‹
›Er war tot‹, erklärte ich. ›Darum waren sie so durcheinander und erschrocken, als sie ihn sahen.‹
›Unmöglich‹, begann einer der Alten und reichte seine Pfeife an seinen Nachbarn weiter, der ihm ins Wort fiel: ›Das war auf keinen Fall der verstorbene Häuptling. Das war ein von einem Zauberer geschicktes Omen. Sprich weiter.‹«[2]

2 LAURA BOHANNAN, *Shakespeare in the Bush*, QB +, in: Natural History, 75, Aug./Sept. 1966, S. 28–33

Durch das Selbstbewusstsein ihrer Zuhörer etwas verunsichert, fährt Laura Bohannan in ihrer Erzählung fort und schildert, wie Horatio sich an Hamlets Vater wendet und ihn fragt, was zu tun sei, damit er Frieden finde, und als der Tote nicht antwortet, erklärt, der Sohn des verstorbenen Häuptlings müsse sich darum kümmern. Erneut geht ein Raunen der Missbilligung durchs Publikum, denn solche Angelegenheiten obliegen bei den Tiv nicht den Jungen, sondern den Ältesten, und der Verstorbene hat doch noch einen lebenden Bruder, Claudius:

> »Die Alten murmelten unzufrieden: Solche Omen waren Sache der Häuptlinge und Stammesältesten, auf keinen Fall der Jungen; hinter dem Rücken eines Häuptlings kann nichts Gutes entstehen; Horatio ist kein weiser Mann.«[3]

Laura Bohannans Verunsicherung nimmt noch zu, als sie die Antwort auf die Frage schuldig bleiben muss, ob Hamlets Vater und Claudius dieselbe Mutter haben, eine Frage, die in den Augen der Tiv grundlegend ist:

> »›Hatten Hamlets Vater und sein Onkel dieselbe Mutter?‹
> Der Sinn der Frage drang nur mit Mühe in meinen Kopf: Ich war zu verwirrt, zu sehr aus der Fassung, da ich eines der wesentlichsten Elemente aus *Hamlet* dahinschwinden sah. Ich antwortete ihnen etwas unbestimmt, dass sie

3 Ibid.

vermutlich dieselbe Mutter hätten, aber ich sei mir nicht sicher, denn die Geschichte sage nichts darüber aus. Der Älteste erwiderte mit ernster Stimme, auf genau diese Besonderheiten der Abstammung käme es doch an und ich solle, wenn ich wieder zu Hause sei, die Ältesten danach fragen. Er rief durch die Tür einer seiner jungen Frauen zu, sie solle ihm seinen Ziegenlederbeutel bringen.«[4]

Darauf kommt Laura Bohannan auf Gertrude, Hamlets Mutter, zu sprechen, aber auch das geht gründlich schief. Während man in den westlichen Lesarten des Stücks an der Schnelligkeit Anstoß nimmt, mit der Gertrude nach dem Tod ihres Mannes wieder geheiratet hat, ohne eine geziemende Frist verstreichen zu lassen, sind die Tiv überrascht, dass sie so lange gewartet hat:

»›Hamlets Sohn war sehr traurig, dass seine Mutter so schnell wieder geheiratet hat. Es gab überhaupt keinen Grund dazu, und bei uns ist es Brauch, dass eine Witwe keinen anderen Mann nimmt, bevor sie nicht zwei Jahre lang Trauer getragen hat.‹
›Zwei Jahre, das ist zu lang‹, warf die Frau ein, die gerade mit dem zerknautschten Ziegenlederbeutel des Dorfältesten auftauchte. ›Wer hackt dein Feld für dich während der Zeit, in der du keinen Mann hast?‹
›Hamlet‹, entgegnete ich ohne nachzudenken, ›war groß genug, um selbst das Feld seiner Mutter zu hacken.

4 Ibid.

Sie brauchte nicht zu heiraten.‹ Niemand schien überzeugt. Ich gab auf.«[5]

★

Hat Laura Bohannan schon Mühe, den Tiv Hamlets Familiensituation zu erklären, so wird es geradezu aussichtslos, ihnen die wichtige Rolle begreiflich zu machen, die in Shakespeares Stück und in der Gesellschaft, die es hervorgebracht hat, die Geister einnehmen:

»Ich beschloss, den Monolog zu überspringen. Selbst wenn man es hier für richtig hält, dass Claudius die Witwe seines Bruders geheiratet hat, so blieb noch immer das Giftmotiv, und ich war mir sicher, dass sie den Brudermord nicht billigen würden. Ich schöpfte wieder etwas Hoffnung und fuhr fort: ›In jener Nacht hielt Hamlet Wache mit den drei Männern, die seinen Vater tot gesehen hatten. Der verstorbene Häuptling erschien wieder, und während seine Begleiter erschraken, löste sich Hamlet von der Gruppe und folgte seinem verstorbenen Vater. Als sie allein waren, ergriff der Tote das Wort.‹
›Omen können nicht reden!‹ Der Älteste klang sehr bestimmt.
›Hamlets toter Vater war kein Omen. Sie hätten ein Omen sehen können, er aber war keins.‹ Meine Zuhörer sahen genauso verwirrt aus, wie ich es beim Reden war. ›Es war *wirklich* Hamlets toter Vater. Es war das, was wir einen ›Geist‹ nennen.‹«[6]

5 Ibid.
6 Ibid.

So überraschend es auch scheinen mag, die Tiv glauben nicht an Geister, wie sie uns vertraut sind, die in ihrer Kultur jedoch keinen Platz haben:

> »Ich musste das englische Wort ›ghost‹ verwenden, denn im Unterschied zu vielen Nachbarstämmen glaubten diese Menschen in keiner Form an ein Weiterleben nach dem Tod.
> ›Was ist ein ›ghost‹? Ein Omen?‹
> ›Nein, ein ›ghost‹ ist jemand, der gestorben ist, aber herumgeht und mit uns spricht, man kann ihn hören und sehen, aber nicht berühren.‹
> Sie erwiderten: ›Zombis kann man berühren.‹
> ›Nein, nein! Es war keine dieser Leichen, die die Zauberer wiederbeleben, um sie zu opfern und zu essen. Niemand führte Hamlets Vater. Er ging ganz allein.‹«[7]

Was die Sache nicht besser machte, denn die neugierigen Tiv sind rationaler als die Angelsachsen und weisen diese Vorstellung von herumspazierenden Toten zurück:

> »›Tote können nicht gehen‹, protestierte mein Publikum einstimmig.
> Ich war zu einem Kompromiss bereit: ›Ein ›ghost‹ ist der Schatten eines Toten.‹
> Aber sie hatten immer noch Einwände: ›Tote haben keinen Schatten.‹

7 Ibid.

›In meinem Land haben sie eben einen‹, versetzte ich kühl.
Der Älteste beendete das ungläubige Gemurmel, das sich sofort erhoben hatte, und stimmte mir mit diesem aufgesetzt höflichen Ton zu, mit dem man gewöhnlich auf die Hirngespinste abergläubischer Grünschnäbel reagiert: ›Wahrscheinlich können in deinem Land die Toten auch gehen, wenn sie keine Zombis sind.‹ Er kramte aus den Tiefen seines Beutels ein Stück einer getrockneten Colanuss hervor, biss eine Ecke davon ab, um zu zeigen, dass sie nicht giftig war, und reichte mir den Rest als Zeichen der Versöhnung.«[8]

Und so geht die Erzählung ihren Gang, ohne dass es Laura Bohannan, trotz aller Zugeständnisse, zu denen sie bereit ist, gelingt, die kulturelle Distanz zu den Tiv zu überbrücken und mit ihnen auf der Grundlage von Shakespeares Stück zu einer halbwegs gemeinsamen Verständigungsbasis zu finden.

*

Obwohl die Tiv noch nie eine Zeile von *Hamlet* gelesen haben, können sie sich also eine ziemlich genaue Vorstellung über das Stück machen und sind ebenso gut wie meine Studenten, die den Text, über den ich meine Vorlesung halte, nicht besser kennen, in der Lage und vor allem begierig, darüber zu diskutieren und ihre Meinung kundzutun.

Wenn die Tiv ihre Vorstellungen über das Stück eindringlich zum Ausdruck bringen, so bedeutet das nicht, dass

8 Ibid.

sie sich diese während oder nach dem Erzählen bilden; sie könnten notfalls sogar ganz auf den Text verzichten. Vielmehr gehen sie der Lektüre voraus, da sie Teil einer umfassenden Weltanschauung sind, in der das Buch Aufnahme findet und seinen Platz zugewiesen bekommt.

Nicht das Buch selbst übrigens, sondern die Fragmente, die an seine Stelle treten und von denen in einem Gespräch oder Text immer die Rede ist. Die Tiv sprechen von einem imaginären *Hamlet*, ohne dass jener Laura Bohannans – die sich doch eigentlich besser mit Shakespeares Stück auskennt – realer wäre, da auch der ihre in einem strukturierten Vorstellungsrahmen verankert ist.

Ich möchte vorschlagen, diese Einheit aus – kollektiven oder individuellen – mythischen Vorstellungen, die sich zwischen den Leser und alles neu Geschriebene schiebt und die Lektüre unwillkürlich beeinflusst, *das innere Buch* zu nennen. Dieses imaginäre Buch übernimmt eine weitgehend unbewusste Filterfunktion und ist bei der Aufnahme von neuen Texten entscheidend, weil es bestimmt, welche seiner Elemente im Gedächtnis behalten und wie sie interpretiert werden.[9]

Als ideales inneres Objekt umfasst dieses Buch – wie man bei den Tiv sehr gut sehen kann – eine oder mehrere

9 Als zweites der drei in diesem Essay untersuchten »Bücher« beeinflusst das *innere Buch* sämtliche Verwandlungen, die wir an Büchern vornehmen, um sie zu *Deckbüchern* zu machen. Der Ausdruck »inneres Buch« wird auch von Proust verwandt, mit einer Bedeutung, die meiner sehr nahe kommt: »Was das innere Buch der unbekannten Zeichen betraf (offenbar gleichsam erhaben hervortretender Zeichen, denen meine Aufmerksamkeit bei der Erforschung meines Unbewussten nachspürte, an die sie anstieß, die sie umkreiste, wie ein Taucher mit seiner Sonde), bei

legendäre Geschichten, die für ihre Besitzer von wesentlichem Interesse sind, insbesondere, weil sie ihnen von der Geburt und den letzten Dingen berichten. Im Fall des kollektiven inneren Buches, dem sich die Tiv verbunden fühlen, gerät Laura Bohannans Shakespeare-Lektüre in Konflikt mit den darin enthaltenen Theorien über die Herkunft und das Überleben, die den Gruppenzusammenhalt garantieren.

Es ist also nicht die Geschichte von *Hamlet*, die sie hören, sondern das, was in dieser Geschichte mit ihren Vorstellungen über die Familie und den Status der Toten vereinbar ist und ihnen Trost bringen kann. Und wo das Buch und ihre Erwartungen unvereinbar sind, werden die bedrohlichen Stellen einfach ignoriert oder umgewandelt, um eine möglichst große Übereinstimmung zwischen ihrem inneren Buch und *Hamlet* oder eher mit dem Bild zu ermöglichen, das ihnen, durch ein anderes Prisma, von Shakespeares Stück geboten wird.

Da die Tiv gar nicht über das Stück diskutieren, das Laura Bohannan mit ihnen besprechen möchte, brauchen sie auch keinen direkten Zugang zu ihm. Die wenigen Informationen, die ihnen die Anthropologin im Lauf der Erzählung gibt, genügen bei Weitem, um sich in die Diskussion zwischen den

deren Lektüre niemand mir mit irgendwelchen Regeln helfen konnte, so bestand diese Lektüre in einem Schöpfungsakt, bei dem kein anderer uns ersetzen oder auch nur mit uns zusammenwirken kann. […] Dieses Buch, das für uns mühsamer zu entziffern ist als jedes andere, ist auch das einzige, dessen Zeichen die Wirklichkeit selbst in uns eindrückt oder -druckt.« (Marcel Proust, *Die wiedergefundene Zeit.* QB und EB ++, Werke, Band 7. Aus dem Französischen von Eva Rechel-Mertens, hg. von Luzius Keller, Frankfurt a.M. 2004, S. 277)

beiden inneren Büchern einbringen zu können, eine Diskussion, bei der Shakespeares Stück beiden Seiten vor allem als Anregung dient.

Und da sie sich hauptsächlich über ihr inneres Buch unterhalten, können sie genauso gut wie meine Studenten unter vergleichbaren Umständen schon zu Shakespeare Stellung nehmen, bevor sie das Werk kennengelernt haben, das sowieso nur dazu bestimmt ist, mit der durch das innere Buch bestimmten Reflexion zu verschmelzen und sich in ihr aufzulösen.

*

Im Fall der Tiv ist das innere Buch eher kollektiver als individueller Natur. Es setzt sich aus den grundlegenden Vorstellungen einer Kultur zusammen, welche die gemeinsamen Auffassungen über die familiären Beziehungen und das Jenseits, aber auch über das Lesen und den Umgang mit einem Buch zum Ausdruck bringen, zum Beispiel, wie die Grenze zwischen Imagination und Wirklichkeit überwunden werden soll.

Wir wissen nichts über die einzelnen Tiv – außer vom Dorfältesten –, auch wenn es wahrscheinlich ist, dass der Gruppenzusammenhalt dazu beiträgt, die einzelnen Reaktionen zu vereinheitlichen. Doch wenn für jede Kultur ein kollektives inneres Buch existiert, so existiert auch für jeden Einzelnen ein individuelles inneres Buch, das bei der Rezeption, das heißt bei der Konstruktion kultureller Themen, genauso, wenn nicht noch aktiver beteiligt ist als das kollektive Buch.

Aus Wunschphantasien und persönlichen Legenden bestehend, beeinflusst das individuelle innere Buch unseren Wunsch nach Lektüre, das heißt die Art und Weise, wie wir Bücher auswählen und lesen. Es ist dieses Produkt unserer Phantasmen, nach dem jeder Leser sucht und von dem die besten Bücher, denen er in seinem Leben begegnet, immer nur unvollkommene Fragmente sind, die ihn zum Weiterlesen animieren.

Man kann sich auch vorstellen, dass die Arbeit eines Schriftstellers darin besteht, nach seinem inneren Buch zu suchen und ihm Gestalt zu geben, während ihn die Bücher, denen er begegnet, stets unbefriedigt lassen, die eigenen eingeschlossen, so gelungen sie auch sein mögen. Denn wie kann man zu schreiben anfangen und immer weiter schreiben ohne dieses Idealbild des vollkommenen – das heißt mit sich selbst konformen – Buches, nach dem man ohne Ende sucht, dem man sich annähert, ohne es je erreichen zu können?

Wie die kollektiven inneren Bücher bilden auch die individuellen ein Rezeptionssystem für andere Texte und haben ein Wort dabei mitzureden, wie Bücher von uns aufgenommen und umgestaltet werden. Insofern bilden sie ein Raster für die Lektüre der Welt und besonders der Bücher, deren Entdeckung sie organisieren, während sie uns gleichzeitig die Illusion von Transparenz vorgaukeln.

Es sind die inneren Bücher, die den Austausch über unsere Lektüren so schwierig machen, weil sie verhindern, dass sich ein einheitlicher Gesprächsgegenstand herausbildet. Sie gehören zu dem, was ich in meinem Buch über *Hamlet* das *innere Paradigma* genannt habe, das heißt ein Wahrnehmungssystem der Wirklichkeit, das so einzigartig ist, dass zwei Paradigmen unmöglich in eine echte Kommunikation miteinander treten können.[10]

Die Existenz des inneren Buches ist, gemeinsam mit dem Ent-Lesen, das, was den Diskussionsraum über die Bücher so uneinheitlich und heterogen macht. Was wir für gelesene Bücher halten, ist ein bunter Haufen von Textfragmenten, verformt durch unsere Imagination, ohne Beziehung zu den Büchern der anderen, wenn sie auch materiell mit denen identisch sein mögen, die wir in der Hand gehabt haben.

★

Dass die Tiv zumindest in Ansätzen die Lesart eines Buches vorlegen, das sie nicht gelesen haben, darf weder zur Annahme verleiten, dass ihre Lektüre karikaturistisch – sie akzentuiert höchstens die typischen Merkmale jeder Lektüre –, noch dass sie ohne Interesse sei. Die Tiv befinden sich ganz im Gegenteil durch diese doppelte Außenseiterposition in Bezug auf Shakespeare – sie haben ihn nicht gelesen und stammen aus einer anderen Kultur – in einer privilegierten Lage, um sich zum Text zu äußern.

Wenn sie sich weigern, an diese Gespenstergeschichte zu glauben, so nähern sich die Tiv damit einem zwar minoritären, doch durchaus aktiven Zweig der Shakespeare-Kritik an, der ebenfalls an der Erscheinung von Hamlets Vater zweifelt und die These vertritt, der Held sei möglicherweise Halluzinationen zum Opfer gefallen.[11] Eine nonkonformistische Kritik, die es aber immerhin verdient, untersucht zu

10 op.cit.
11 Siehe *Enquête sur Hamlet*, op.cit.

werden, und die hier noch gestützt wird durch die Tatsache, dass die Tiv das Stück nicht kennen. Den Text nicht zu kennen – und das in doppelter Hinsicht – ermöglicht ihnen paradoxerweise einen unmittelbareren Zugang, zwar nicht zu irgendeiner im Werk versteckten Wahrheit, aber zu einem der vielen Schätze, die in ihm angelegt sind.

Daher ist es auch nicht verwunderlich, dass meine Studenten in der eingangs geschilderten Situation sehr schnell imstande sind, von einem Buch, das ich kommentiere und das sie nicht gelesen haben, gewisse Elemente zu erfassen, und keine Hemmungen haben, sich – ausgehend von ihren kulturellen Vorstellungen und ihrer persönlichen Lebensgeschichte – in die Diskussion einzuschalten. Und dass sie mit ihren Beiträgen – so weit sie auch vom Ausgangstext entfernt sein mögen (was aber würde hier Nähe eigentlich bedeuten?) – eine Originalität in die Begegnung mit dem Buch einbringen, zu der sie wahrscheinlich nicht fähig wären, wenn sie es gelesen hätten.

Drittes Kapitel

DEM SCHRIFTSTELLER GEGENÜBER

in dem Pierre Siniac zeigt, dass man seine Worte einem Schriftsteller gegenüber abwägen sollte, vor allem, wenn dieser das Buch, dessen Autor er ist, nicht gelesen hat.

ES GIBT NOCH SCHLIMMERES, als sich vor einem Lehrer wiederzufinden, der seinem Gegenstand nicht unbedingt gewachsen ist: mit derjenigen Person konfrontiert zu werden, die im Prinzip am meisten Interesse an Ihrer Meinung zu dem Buch hat und gleichzeitig am besten einschätzen kann, ob Sie die Wahrheit sagen oder nicht, nämlich mit dem Autor des Buches selbst, von dem man im Allgemeinen annimmt, dass er das Buch gelesen hat.

Manche werden denken, man müsse schon ein verfluchtes Pech haben, um in eine solche Situation zu geraten, da man schließlich ein ganzes Leben als Nichtleser verbringen kann, ohne einem einzigen Schriftsteller zu begegnen, und erst recht – ein auf den ersten Blick außergewöhnlicher Fall – dem Autor eines Buches, das man nicht gelesen, von dem man aber genau das behauptet hat.

Das aber hängt ganz vom beruflichen Umfeld ab, mit dem man zu tun hat. Literaturkritiker zum Beispiel kommen oft in die Verlegenheit, Schriftsteller zu treffen, umso mehr, als sich die beiden Tätigkeiten überschneiden. Und die Enge des Milieus, in dem sich sowohl die einen wie die anderen, die oft miteinander identisch sind, bewegen, lässt ihnen meist kaum eine andere Wahl, als bei einem Kommentar zu einem Buch nur das Beste zu sagen.

Dasselbe trifft zu meinem Unglück auch für Universitätslehrer zu. Tatsächlich gibt es unter meinen Kollegen kaum jemanden, der nicht publiziert und sich nicht verpflichtet fühlt, mir seine Bücher zu schicken. So gerate ich alle Jahre wieder in die heikle Situation, meine Meinung Autoren gegenüber äußern zu müssen, die die Texte, die sie geschrieben haben, kennen und zu allem Überfluss auch noch erfahrene Rezensenten sind, die sehr wohl abschätzen können, wie weit ich sie tatsächlich gelesen habe oder ob ich ihnen einen Bären aufbinde.

★

»Vieldeutig« heißt wohl das Adjektiv, mit dem sich die öffentlichen Äußerungen der beiden Helden aus *Ferdinaud Céline*[1], dem berühmten Kriminalroman von Pierre Siniac, am treffendsten beschreiben lassen. Dochin und Gastinel, die beiden Autoren des Bestsellers *La Java brune*[2], sind auf den ersten Seiten des Buches zu einer literarischen Fernsehsendung eingeladen, bei der sie sich, gelinde gesagt, ziemlich eigenartig betragen. Es sieht so aus, als hätte keiner der beiden richtig Lust, auf die Fragen einzugehen, die ihnen über ein Buch gestellt werden, zu dem sie sich eigentlich nur beglückwünschen können, hat es ihnen doch ein Vermögen und Fernsehauftritte eingebracht.

1 QB +
2 UB –

Der jüngere der beiden Autoren, Jean-Rémi Dochin, ein langer Dünner, fühlt sich ganz offensichtlich nicht recht wohl in dieser Sendung:

> »Dochin hingegen wurde zunehmend schläfriger und sah aus, als ginge ihn das alles nichts an. Er schien nur mit Mühe zu folgen. Vor den Kameras wirkte er unschlüssig, ein bisschen neben der Spur, und er beendete die seltenen Sätze, zu denen er sich herabließ, fast nie.«[3]

Doch die Müdigkeit erklärt nicht alles, es gibt eine plausible Erklärung dafür, dass Dochin, um den Ausdruck des Erzählers aufzunehmen, in Bezug auf sein eigenes Buch »mehr als unsicher«[4] wirkt. Er wurde nämlich von Gastinel – der körperlich genauso imposant ist wie sein Kompagnon schmächtig – von dem Buch, dessen Autor er theoretisch ist, gewaltsam enteignet, da dieser eigenmächtig seinen Namen auf den Umschlag gesetzt und sich so den Status des Koautors verschafft hat.

Dochin hatte auf der Suche nach einem Verlag mit Gastinel Kontakt aufgenommen, und dieser witterte, als er das Manuskript in die Hände bekam, sofort einen Bestseller. So beschloss er, seinen Namen mit aufs Buch zu setzen, obwohl er keine einzige Zeile geschrieben hatte. Um Dochin die Zustimmung zu entreißen, sich als Koautor anzugeben, entschließt er sich zu einer Erpressung. Zu diesem Zweck ver-

3 PIERRE SINIAC, *Ferdinaud Céline*, Paris 2002, S. 18
4 Ibid., S. 20

führt er auf einem Ball ein junges Mädchen, bringt es zusammen mit Dochin in sein Landhaus, wo er diesen absichtlich betrunken macht. Dann vergewaltigt er das Mädchen, überfährt es mit dem Auto und filmt Dochin, wie er sich über die Leiche beugt, der er diskret dessen Ausweis untergeschoben hat.

Seither lebt Dochin – aufgrund einer Kassette, die Gastinel sorgfältig verwahrt – in permanenter Bedrohung, eines Mordes angeklagt zu werden, den er zwar nicht begangen, dem er aber tatenlos zugesehen hat, und sieht sich auf Gedeih und Verderb seinem Komplizen ausgeliefert, der als Preis für sein Stillschweigen die Koautorschaft des Buches und die Hälfte der Urheberrechte eingefordert hat.

*

Wenn es Gastinel auch weder Skrupel bereitet, sich ein Manuskript anzueignen, von dem er keine einzige Zeile geschrieben hat, noch einen Mord zu begehen, so fühlt er sich doch unwohl beim Gedanken, vor einem großen Publikum über das betreffende Buch zu sprechen. Und zwar so unwohl, dass er dem Moderator der Sendung das Versprechen abgenommen hat, den Inhalt des Buches nicht zu erwähnen, woran er ihn während der Sendung auch stets sofort erinnert, wenn die Fragen allzu präzise werden und sich dem Text bedrohlich annähern:

»Vergessen Sie unsere Vereinbarung nicht, die wir vor der Sendung getroffen haben. Dochin und ich möchten die Handlung des Romans um keinen Preis verraten. Also wenn es Ihnen nichts ausmacht, so sprechen wir lieber über die Autoren. Dafür interessieren sich die Fernsehzuschauer doch sowieso am meisten.«[5]

Gastinels Verhalten ist umso erstaunlicher, als er ein großer Causeur ist und überhaupt keine Schwierigkeiten hat, über das nächste Werk zu reden, den zweiten angekündigten Band von *La Java brune*, von dem er dem Publikum sogar mehrere Episoden verrät, obwohl das Buch noch gar nicht geschrieben ist. Ausschließen möchte er offensichtlich, zumindest in Anwesenheit Dochins, vom Werk des Letzteren zu sprechen.

Diese kritische Vorsicht Gastinels ist durchaus gerechtfertigt. Wenn er es vorzieht, nicht über den Text zu reden, dann nicht, weil er ihn, wie so viele andere Persönlichkeiten unseres Buches, nicht gelesen hat, sondern weil Dochin, der eigentliche Autor, ihn nicht kennt. Denn Siniacs Roman konstruiert die bemerkenswerte Situation, dass Gastinel über ein Buch spricht, das er gelesen, aber nicht geschrieben hat, während Dochin über ein Buch spricht, das er geschrieben, aber nicht gelesen hat.

Um die Situation zu verstehen, in der sich die beiden Figuren in dieser Ausgangsszene befinden, muss man wissen, dass Dochin nicht nur einmal – bei der Erpressung durch Gastinel, der sich die Urheberrechte sichern wollte – in die Falle gegangen ist, sondern gleich zweimal, was man erst auf den letzten Seiten des Romans durch eine Rückblende erfährt. Und wenn der erste Betrug die eigenartige Haltung Dochins erklärt, so erlaubt es der zweite, im Nachhinein die Gastinels zu verstehen.

5 Ibid., S.11

Als er an dem Manuskript von *La Java brune* arbeitete, wurde Dochin, der zu dieser Zeit obdachlos war, von Céline Ferdinaud, der Inhaberin eines zwielichtigen Hotels, aufgenommen. Diese ist, nachdem sie die ersten Zeilen des Textes gelesen hat, so begeistert, dass sie Dochin drängt, es zu Ende zu schreiben und veröffentlichen zu lassen. Sie bietet ihm sogar konkrete Hilfe an und tippt die fehlerhaften Seiten, die Dochin ihr Tag für Tag übergibt, noch einmal auf ihrer Schreibmaschine ab.

Das Problem dabei ist nur, dass sie diese Sekretariatsarbeit dazu nutzt, einen völlig anderen Roman zu schreiben, mit dem sie Dochins Buch nach und nach ersetzt, von dem sie lediglich den Titel, die Epoche, in der sich die Geschichte abspielt, und die Vornamen der beiden kindlichen Hauptpersonen übernimmt. Und so tauscht sie Tag für Tag Dochins schlecht geschriebene und nicht publizierbare Seiten gegen einen viel besseren Text aus, dessen Autorin sie selbst ist.

Was ist der Zweck dieses Doppelspiels? »Céline Ferdinaud« ist in Wirklichkeit der Deckname einer bekannten Kollaborateurin aus der Okkupationszeit, Céline Feuhant, die beschlossen hatte, in Romanform ihre Memoiren zu veröffentlichen und darin ein paar Persönlichkeiten aus der damaligen Zeit, die seelenruhig ein neues Leben angefangen haben, in erpresserischer Absicht zu denunzieren. Nun hat sie sich jedoch nach der Befreiung im Austausch gegen das Versprechen der Straffreiheit verpflichtet, nicht mehr öffentlich in Erscheinung zu treten. Da sie mit einer Publikation das Risiko eingeht, erkannt zu werden, kam ihr, als sie das miserable Manuskript ihres Gastes las (der hier also nicht mehr bloß als Namensgeber, sondern auch als »Buchgeber« fungiert), die Idee, das ihre unter seinem Namen, aber sozusagen hinter dem Rücken des Autors zu veröffentlichen.

Somit kursieren in Siniacs Roman unter demselben Titel ständig zwei Texte, die im Lauf des Romans gegeneinander ausgetauscht werden, und Dochin kann genauso wenig wie der Leser verstehen, dass sein eigener Text – den er zu Recht als grauenhaft einschätzt – bei der gesamten Presse Begeisterung hervorruft, die wiederum in Wirklichkeit nur das andere Manuskript kennt, nämlich das von Céline. Darum also hat Gastinel, der über die ganze Intrige informiert, ja sogar deren Komplize ist, keine Lust, allzu sehr ins Detail zu gehen, wenn er in Anwesenheit Dochins über den Inhalt spricht, aus Angst, dieser könnte merken, dass er sein eigenes Buch gar nicht gelesen hat.

*

So kommt es also, dass Dochin sich zu einem Buch äußern muss, das er nicht kennt, obwohl er überzeugt ist, der Autor zu sein. Im Gegensatz zu Rollo Martins, der wusste, dass er und die Zuhörer seines Vortrags nicht über denselben Autor sprechen, hat Dochin keine Ahnung, dass alle aneinander vorbeireden, da Gastinel die nötigen Vorkehrungen getroffen hat (indem er unter anderem verhinderte, dass Dochin in den Besitz eines Exemplars seines Buches kommt), um ihn an der Entdeckung zu hindern, dass *La Java brune* gar nicht *La Java brune* ist.

Für Gastinel – der das Buch gelesen hat, seinen Doppelgänger aber unbedingt davon abhalten muss, allzu deutlich zu werden, weil dieser sonst durch die Reaktion des Moderators den Austausch der Manuskripte bemerken könnte – ist es also wichtig, dass alles während der Sendung Gesagte so vieldeutig wie möglich bleibt, was zum Beispiel dadurch erreicht werden kann, dass man von etwas anderem als vom Text spricht, das heißt von den Autoren oder vom nächsten Buch.

Gastinel greift noch zu einem zweiten Mittel. Er achtet darauf, dass sich das Gespräch nur auf die wenigen gemeinsamen Berührungspunkte beider Bücher beschränkt. So zum Beispiel auf die Zeit der Okkupation, die beiden Romanen als Hintergrund dient, oder auf die beiden Helden, die Kinder Max und Mimile, die Céline in ihrer Version von *La Java brune* wohlweislich beibehalten hat:

> »[Der Moderator] ließ nicht locker: Er brannte ganz offensichtlich darauf, über den Roman zu reden. Gastinel herrschte ihn an, ließ sich dann aber nach einem herzzerreißenden Seufzer trotzdem herab, ein paar Worte zum Buch zu sagen. [...] Man kam also überein, zwei drei Kleinigkeiten – keine kompromittierenden, immer mit dieser manischen Sorge, die Handlung nicht zu verraten – über diesen Max und diese Mimile zu sagen, dann lenkte der füllige Autor das Gespräch autoritär, als wäre er der Moderator dieser Mini-Debatte, auf die Pariser Okkupation im allgemeinen, auf die Razzien, die Restriktionen, die Schlangen vor den kärglich ausgestatteten Läden, die Ausgangssperre, die an den Wänden angeschlagenen Geisellisten, die anonymen Denunziationen und die ganze Litanei des täglichen Elends während dieser vier nicht enden wollenden

Jahre. Womit er nicht am Buch vorbeigeredet hatte, denn diese düstere und beklemmende Atmosphäre war tatsächlich der allgegenwärtige Hintergrund des Werks.«[6]

Sich auf Allgemeinplätze über die beiden Kinder oder den gemeinsamen Hintergrund der beiden Werke zu beschränken, ist das Einzige, was Gastinel tun kann. Denn in den seltenen Momenten, in denen das Gespräch etwas konkreter wird, keimt sofort das Missverständnis zwischen dem Moderator und Dochin auf, und Gastinel muss eingreifen und mehrdeutige Ausdrücke einwerfen, in denen sich beide Seiten wiedererkennen können:

»– Sie werden sich Feinde machen.
– Umso besser, wir prügeln uns gerne. Jedenfalls können wir uns seit unserem Erfolg nicht über Mangel an Feinden beklagen. Wir können schon jetzt kaum alle berücksichtigen.
– Die Anspielungen auf Herr oder Frau Sowieso …, Funktionsträger der damaligen Zeit …, gehen manchmal sehr weit …
– Das seh ich aber gar nicht so, sagte Dochin. Sie haben nicht genau gelesen.
– Nein, wir greifen die Leute nie wirklich an, sagte Gastinel. Es sind höchstens …, sagen wir, kleine Sticheleien.«[7]

6 Ibid., S. 17
7 Ibid., S. 23

Gastinel sieht sich hier mit dem Problem konfrontiert, dass er Ausdrücke finden muss, die sowohl zu dem Buch passen, das Dochin gelesen hat – da er es geschrieben hat – und das der Moderator nicht kennt, als auch zu dem Buch, dass dieser in der Hand hat und von dessen Existenz Dochin nichts weiß. Und Dochins Manuskript beabsichtigt nicht, bekehrte Kollaborateure in Schwierigkeiten zu bringen, während das von Céline einen echten Angriff auf ihre ehemaligen Komplizen darstellt. Der Ausdruck »kleine Sticheleien« ist eine Kompromissbildung, im Freud'schen Sinn, zwischen den beiden Büchern, von denen die Sendung gleichzeitig spricht. So schreibt Gastinel live vor Millionen Fernsehzuschauern die Bruchstücke eines gemeinsamen Buches, auf das sich beide Parteien einigen können, weil jeder in ihm sein eigenes Werk wiedererkennt.

*

Doch der Moderator der Fernsehsendung ist nicht der Einzige, der Schwierigkeiten hat, mit Dochin ein kohärentes Gespräch zu führen. Dasselbe gilt für Céline und die anderen Kritiker, die mit ihm ständig von einem Buch reden, in dem er sich kaum wiedererkennen kann, da er es nicht gelesen hat.

Céline kennt zwar zu ihrem Unglück Dochins Buch, da sie gezwungen war, es jeden Tag abzutippen, doch sie kann ihm nicht sagen, was sie wirklich darüber denkt, und muss sich dazu durchringen, sich mit ihm über ein imaginäres Buch zu unterhalten, das er nur mit Mühe als seines erkennt. Von daher auch seine Verblüffung, als Céline ihn beim Abschreiben des Manuskripts mit Lob überhäufte, ein Lob, das ihn umso weniger zu betreffen schien, als es indirekt tatsächlich auf sie selbst gemünzt war:

»›Stimmt, ich habe gerade eine Glückssträhne. Ein guter Schriftsteller ist so selten, vor allem heutzutage. Die Großen haben alle ihren Hut genommen und sind nie zurückgekehrt! ›Da haben Sie meine Bücher, viel Spaß damit.‹ Céline … Aragon … Giono … Beckett … Henry Miller … Marcel nicht zu vergessen … […] Und wenn ich denke, dass du Sätze gestrichen hast, die man nicht mal mehr entziffern kann, so wie du sie vollgekleckert hast! Wenn man es wie durch ein Wunder schafft, zu lesen, was du zusammengeschmiert hast, glaubt man es kaum. Juwelen hast du rausgenommen! Man könnte sich wirklich fragen, was in deinem Kopf vorgegangen ist, als du das alles rausgeschmissen hast.‹
Das Lächeln, das auf meinen Lippen erschien, muss wohl ziemlich viel Skeptizismus ausgedrückt haben:
›Nur eine kleine Frage: War das wirklich mein Manuskript, das Sie gelesen haben?‹«[8]

Was hier in die Karikatur getrieben wird, ist eine Erfahrung, die allen Schriftstellern vertraut ist, nämlich die Erkenntnis, dass die Äußerungen über ihre Bücher überhaupt nichts mit dem zu tun haben, was sie zu schreiben glaubten. Jeder Schriftsteller, der eine Weile mit einem aufmerksamen Leser diskutiert oder einen längeren Artikel über sich gelesen hat, kennt dieses beunruhigende Gefühl von Fremdheit, das

8 Ibid., S. 81

sich einstellt, wenn ihm klar wird, dass kein Zusammenhang zwischen dem besteht, was er machen wollte, und dem, was andere davon wahrnehmen. Eine Differenz, die nichts Erstaunliches hat, wenn man bedenkt, dass sich ihre inneren Bücher zwangsläufig unterscheiden und der Schriftsteller kaum Chancen hat, das Buch, das der Leser über seines gestülpt hat, wiederzuerkennen.

Diese unangenehme Erkenntnis, dass ein Leser von der Absicht eines Buches gar nichts verstanden hat, ist paradoxerweise vielleicht noch schmerzlicher, wenn der Leser dem Autor geneigt ist, das Buch schätzt und seine ganze Energie darauf verwendet, ihm dies bis in alle Einzelheiten darzulegen. Denn um das zu tun, greift er zu den Wörtern, die ihm selbst am vertrautesten sind, und statt sich dem Buch des anderen anzunähern, nähert er sich seinem eigenen Idealbuch an, das seine Beziehung zur Sprache und zu den anderen deshalb so sehr bestimmt, weil es einzigartig ist und in keine andere Sprache übersetzt werden kann. Die Desillusionierung droht dabei für den Autor um so größer zu werden, als sie von der Entdeckung der unüberbrückbaren Distanz ausgelöst wird, die uns von den anderen trennt.

Man könnte also sagen, dass das Risiko, einen Schriftsteller mit seinen Worten zu verletzen, umso größer ist, wenn man das Buch mochte. Denn abgesehen von der allgemeinen Befriedigung, die das Gefühl der Übereinstimmung verschaffen kann, liegt in der Anstrengung, mit der wir ihm die Gründe unserer Wertschätzung mitteilen, die Gefahr, demoralisierend auf den Autor zu wirken, weil sie ihn jäh mit dem konfrontiert, was im anderen und folglich in ihm selbst unsagbar ist und mit den Worten, mit denen er sich auszudrücken sucht, nicht mitgeteilt werden kann.

Diese schmerzliche Erfahrung, auf Unverständnis zu stoßen, wird in Siniacs Buch natürlich noch verstärkt durch die Kluft zwischen dem Text, den der Schriftsteller geschrieben zu haben meint, und dem, den die anderen gelesen zu haben glauben, da wir es in unserem Beispiel mit zwei materiell unterschiedlichen Büchern zu tun haben. Doch jenseits der vordergründigen Handlung finden wir hier die Problematik der unmöglichen Kommunikation zwischen dem inneren Buch des Schriftstellers und dem seiner Leser auf fast schon allegorische Weise dargestellt.

So ist es also nicht überraschend, dass das Thema des Doubles in Siniacs Roman so allgegenwärtig ist. Dochin, der sich nicht wiedererkennt in dem, was die anderen über sein Buch sagen, findet sich mit einem Phänomen der Verdoppelung konfrontiert, genauso wie die Schriftsteller, die, wenn man mit ihnen über ihren Text spricht, oft den Eindruck haben, dass es um einen *anderen Text* geht, was ja auch tatsächlich der Fall ist. Diese Verdoppelung wird von der Präsenz des inneren Buches in uns hervorgebracht, das niemandem zu vermitteln ist und sich mit keinem anderen decken kann, da es – weil es das ist, was uns absolut einzigartig macht – jenseits jeder oberflächlichen Übereinstimmung das Unkommunizierbare in uns selbst ist.[9]

*

9 Dochin, bereits Nicht-Urheber eines Buches, das er geschrieben hat, sowie von Gastinels Verbrechen, wird später auch noch gezwungen, den Mord an Céline auf sich zu nehmen, die vom französischen Geheimdienst exekutiert wird.

Wie verhält man sich nun am besten einem Schriftsteller gegenüber? Das Zusammentreffen mit dem Autor eines Buches, das man nicht gelesen hat – auf den ersten Blick der heikelste Fall, da dieser das Buch eigentlich kennen sollte –, stellt sich so in Wirklichkeit als der einfachste von allen heraus.

Zum einen ist es, dem Anschein zum Trotz, gar nicht so sicher, dass der Schriftsteller wirklich am besten in der Lage ist, nicht nur über sein Buch zu sprechen, sondern sich auch genau daran zu erinnern. Das Beispiel Montaignes, der nicht einmal merkt, wenn man aus seinen Werken zitiert, hat uns gezeigt, dass man von seinen eigenen Texten, wenn sie einmal geschrieben sind und man sich von ihnen gelöst hat, genauso weit entfernt ist wie alle anderen.

Vor allem aber ist es – wenn es zutrifft, dass die inneren Bücher zweier Personen nicht miteinander übereinstimmen können – völlig unnötig, sich gegenüber einem Schriftsteller in großartigen Erklärungen zu ergehen, denn in ihm könnte, während er uns über das sprechen hört, was er geschrieben hat, vor allem die Angst aufsteigen, wir redeten über ein anderes Buch oder hätten uns in der Person geirrt. Und damit die Gefahr eines Persönlichkeitsverlustes, weil er sich mit der großen Distanz konfrontiert sieht, die einen Menschen vom anderen trennt.

Man kann also allen, die in die Situation geraten, mit einem Schriftsteller über eines seiner Bücher sprechen zu müssen, ohne es gelesen zu haben, nur einen vernünftigen Rat geben: Gutes darüber sagen, ohne ins Detail zu gehen. Der Autor erwartet von uns kaum eine Zusammenfassung oder eine ausführliche Abhandlung über sein Buch; von beidem ist dringend abzuraten. Alles, was er hören will, ist, dass man ihm in möglichst großer Vieldeutigkeit sagt, dass man mag, was er geschrieben hat.

Viertes Kapitel

DER ODER DEM LIEBSTEN GEGENÜBER

in dem wir mit Bill Murray und seinem Murmeltier zur Einsicht gelangen, dass es, um jemanden im Gespräch über Bücher zu verführen, die der andere liebt und die wir nicht gelesen haben, das Beste wäre, die Zeit anzuhalten

KANN MAN SICH NUN ABER VORSTELLEN, dass sich zwei Menschen so nah sind, dass ihre inneren Bücher, mindestens für einen Augenblick, miteinander übereinstimmen? Unser letztes Beispiel bringt das Risiko einer ganz anderen Kategorie ins Spiel, als in den Augen des Autors als Hochstapler dazustehen: das Risiko, die Person, für die man entflammt ist, nicht gewinnen zu können, weil man die Bücher, die sie liebt, nicht gelesen hat.

Ich verkünde nichts Neues, wenn ich sage, dass unsere Liebesbeziehungen tiefgehend durch Bücher geprägt sind, und das von Kindheit an. Sie sind es in erster Linie durch den Einfluss, den die Romanfiguren auf unsere Liebeswahl ausüben, da sie uns unerreichbare Ideale vorzeichnen, denen wir die anderen, in den meisten Fällen erfolglos, anzugleichen versuchen. Doch noch subtiler wirken die Bücher, die wir lieben, auf uns ein, weil sie ein Universum erschaffen, das wir insgeheim bewohnen und in dem wir dem anderen am liebsten einen Platz zuweisen würden.

Dass man, wenn schon nicht alles, so doch wenigstens manches Gelesene – was übrigens auch bedeutet, manches Nicht-Gelesene – mit dem anderen teilt, ist für ein gutes Einvernehmen unter Liebenden unabdingbar. Darum sollte man sich in einer Liebesbeziehung von Anfang an auf der Höhe der Erwartungen des anderen zeigen können und ihn fühlen lassen, wie nah sich die inneren Bibliotheken sind.

*

Es ist eine eigenartige Geschichte, die Phil Connors zustößt – auf der Leinwand durch Bill Murray verkörpert –, dem Helden von Harold Ramis' Film *Und täglich grüßt das Murmeltier*[1]. Als Starmoderator der meteorologischen Sendung eines großen amerikanischen Fernsehsenders wird er im tiefsten Winter gemeinsam mit Rita, der Aufnahmeleiterin seiner Sendung – dargestellt von Andie MacDowell –, und einem Kameramann zu einer Reportage über ein wichtiges Ereignis, den »Murmeltiertag«, in die amerikanische Provinz entsandt.

Die Feier, die dem Murmeltiertag seinen Namen gibt und von zahlreichen Medien übertragen wird, findet am zweiten Februar jeden Jahres in Punxsutawney statt, einer Kleinstadt in Pennsylvania. An diesem Tag wird ein Murmeltier, das wie Connors auf den Namen Phil hört, aus seinem Unterschlupf hervorgelockt, und dann wird anhand seines Verhaltens vorausgesagt, ob der Winter noch weitere sechs Wochen dauern wird oder nicht. Diese Feier zum Groundhog Day wird im ganzen Land übertragen, das sich davon meteorologische

1 *Und täglich grüßt das Murmeltier* (*Groundhog Day*) von Harold Ramis (USA, 1993), mit Bill Murray und Andie MacDowell

Hinweise erhofft, ob die kalten Tage sich noch lange hinziehen werden.

Phil Connors, der am Vorabend mit seinem Team eintrifft, verbringt die Nacht in einer Familienpension und begibt sich am nächsten Tag an den Drehort, wo er die Reaktionen des Murmeltiers kommentiert, das sich in jenem Jahr für eine Fortdauer des Winters ausspricht. Da er keine große Lust hat, sich lange in einer Kleinstadt aufzuhalten – ein Milieu, das er nicht ausstehen kann –, ist er entschlossen, noch am selben Tag nach Pittsburgh zurückzukehren, doch das Fahrzeug des Teams wird am Stadtrand durch einen Blizzard festgehalten, und so müssen sich die drei Journalisten damit abfinden, eine weitere Nacht in der Provinz zu verbringen.

*

Alles beginnt für Phil am nächsten Morgen, wenn man so sagen darf, denn für ihn gibt es keinen nächsten Morgen mehr. Als er um sechs Uhr von der Musik seines Radioweckers aufwacht, stellt er fest, dass es dieselbe ist wie am Vortag, ohne sich jedoch weiter zu beunruhigen. Die Angst macht sich erst bemerkbar, als ihm bewusst wird, dass die Sendung auch genauso weitergeht wie am Tag zuvor und dass sich seinem Blick aus dem Fenster dasselbe Bild präsentiert wie schon am gestrigen Tag. Und sie steigert sich noch, als er beim Verlassen des Zimmers denselben Mann trifft wie am Tag zuvor, der ihn mit denselben Worten anspricht.

Phil fängt nach und nach an zu begreifen, dass er dabei ist, denselben Tag noch einmal zu erleben. Alles, was geschieht, ist tatsächlich nichts als die genaue Wiederholung der Szenen, die er vierundzwanzig Stunden zuvor schon einmal erlebt hat. Zum Beispiel begegnet er demselben Bettler, der ihn um Geld bittet, dann wird er vom selben Kommilitonen angesprochen – den er seit Jahren aus den Augen verloren hat und der ihm, inzwischen Versicherer geworden, eine Police andrehen will –, bevor er in dieselbe Pfütze tritt. Und als er am Drehort ankommt, sieht er dieselbe Szene, in der Phil, das Murmeltier, gezeigt wird, das wieder dasselbe Verdikt ausspricht.

Als Phil am dritten Tag seines Aufenthalts in Punxsutawney beim Aufwachen zum dritten Mal dieselbe Radiosendung hört, ist für ihn zur Gewissheit geworden, dass die Zeitschleife, in der er gefangen ist, nicht nur einen Tag betrifft, und er dazu verurteilt ist, immer wieder denselben Tag zu erleben, ohne jede Hoffnung, weder dieser Provinzstadt noch dieser Zeitdauer zu entkommen, in die er eingesperrt ist.

Und zwar komplett eingesperrt, da nicht einmal der Tod ein Ausweg ist. Denn nachdem er einen Arzt und einen Psychoanalytiker aufgesucht hat, die beide unfähig sind, diesen nicht in den Lehrbüchern verzeichneten klinischen Fall zu therapieren, entschließt sich Phil, dieser Folge von identischen Tagen ein Ende zu setzen. Er entwendet aus Rache Phil – den anderen, das Murmeltier –, stiehlt ein Auto und stürzt sich, von der Polizei verfolgt, mit dem Tier in eine Schlucht, nur um sich am nächsten Tag unversehrt in seinem Bett wiederzufinden, wie er dieselbe Radiosendung hört und draußen derselbe Tag anbricht.

*

Dieses Aushebeln der Zeit führt zu einer ganzen Reihe origineller Situationen, vor allem in sprachlicher Hinsicht. Phil, der immer gleichzeitig auf zwei Ebenen präsent ist – der Szene des aktuellen Tages und der aller anderen, vorangegangenen und zukünftigen Tage –, kann sich erlauben, ständig mit dem Doppelsinn des zeitlichen Stillstands zu spielen und zum Beispiel der Frau, die er liebt und deren Gesicht er in den Schnee zeichnet, verkünden, dass er es schon eine ganze Weile studiert hat.

Wenn es auch äußerst unangenehm ist, den immer selben Tag zu durchleben, so hat eine solche Situation doch auch ihre Vorteile. Sie erlaubt zum Beispiel Handlungen, die nur aufgrund einer detaillierten, manchmal bis auf die Sekunde genauen Kenntnis des Tagesablaufs möglich sind. So hat Phil festgestellt, dass ein Geldtransport beim Anhalten vor einer Bank einen der Säcke im Hinterraum des Gepäckwagens für ein paar Sekunden ohne Aufsicht lässt, und kann diesen kurzen Moment der Unachtsamkeit nutzen, um ihn an sich zu nehmen.

Die Situation garantiert außerdem absolute Straffreiheit, da Phil sicher ist, dass in der Nacht seine Fehler und Verbrechen wieder ausgelöscht werden, was immer er auch anstellt. So kann er es sich erlauben, Geschwindigkeitsbeschränkungen zu ignorieren, mit dem Wagen auf einem Bahngleis zu fahren und sich von der Polizei anhalten zu lassen, ohne dass dies irgendwelche Folgen hätte, da er aufwacht, noch bevor all diese Ereignisse geschehen sind.

Dank dieses Zeitstillstands kann Phil übrigens auch die Methode von Versuch und Irrtum in Anwendung bringen. Er trifft eine verführerische junge Frau, fragt sie nach ihrem

Namen, nach dem Gymnasium, das sie besucht hat, und wer ihr Französischlehrer war. So kann er sich, wenn er sie »am nächsten Tag« trifft, als ehemaliger Klassenkamerad vorstellen und mit ihr Jugenderinnerungen austauschen, womit er seine Eroberungschancen erhöht.

*

Da er sich mittlerweile in Rita verliebt hat, die Aufnahmeleiterin der Sendung, versucht Phil sie durch diese Methode der ständigen Optimierung zu verführen, die auf menschliche Beziehungen nur in einer solchen permanenten Zeitschleife anwendbar ist, bei der die Taten ohne Folgen bleiben. Wenn er mit ihr abends etwas trinken geht, merkt er sich ihr Lieblingsgetränk, um »am nächsten Tag« demonstrativ dasselbe zu bestellen. Und nachdem er den – in dieser Raum-Zeit-Struktur harmlosen – Irrtum begangen hat, zu Ehren von Phil, dem Murmeltier, einen Toast auszubringen und damit den Zorn seiner Angebeteten auf sich gezogen hat, die ihm unwirsch erklärt, nie auf etwas anderes als auf den Frieden in der Welt anzustoßen, verbessert er sich am »nächsten Tag« und schlägt von sich aus den angemessenen pazifistischen Trinkspruch vor.

In diesem Kontext der täglichen Perfektionierung ist auch die Szene angesiedelt, die uns hier interessiert. Sie bezieht sich auf die Bedeutung, die nicht gelesenen Büchern beim Aufkeimen einer Liebesbeziehung zukommt. Nach vielen Tagen des Übens hat Phil es geschafft, mit Rita ein Gespräch zu führen, das sie – zu Recht – völlig zufrieden stellt, da ihr Verehrer hintereinander sämtliche Sätze ausspricht, die sie in der idealen Welt einer harmonischen Beziehung gerne hören möchte. So kann er, der sich nur in Städten wohlfühlt, ihr von seinem Traum vorschwärmen, abseits der Zivilisation in den Bergen zu leben.

In diesem Augenblick jedoch lässt seine Aufmerksamkeit nach, Phil hat sich nicht unter Kontrolle und begeht wieder einen Fehler. Rita vertraut ihm an, dass ihr Universitätsstudium sie eigentlich nicht für die Arbeit beim Fernsehen prädestinierte, und bekennt, als Phil nachfragt:

> »Ich habe italienische Lyrik des neunzehnten Jahrhunderts studiert.«

Worauf Phil in Lachen ausbricht und ihm herausrutscht:

> »Du hattest wohl gar nichts Besseres zu tun!«

Worauf er einen eisigen Blick von Rita auffängt und seinen Patzer bemerkt.

Doch nichts ist irreparabel in einer Welt, in der alles immer wieder von vorne beginnt, und so wird die Sache unverzüglich, das heißt am nächsten Tag, in Ordnung gebracht. Da er, wie anzunehmen ist, in der Zwischenzeit die Bibliothek aufgesucht und sich schlau gemacht hat, ist Phil, als Rita ihr erneut ihre Leidenschaft für die italienische Dichtung des neunzehnten Jahrhunderts gesteht, bestens gerüstet, unter dem bewundernden Blick der jungen Frau in feierlichem Ton Auszüge aus dem Textbuch von *Rigoletto*[2] zu rezitieren. Wann immer er sich gezwungen sieht, über Bücher zu spre-

2 VB ++

chen, die er nicht gelesen hat, braucht er die paar Sekunden bis zu seiner Antwort nur um vierundzwanzig Stunden auszudehnen, und schon kann er dem Wunsch des anderen genau entsprechen.

Seine Verführungsversuche beschränken sich aber nicht nur auf Bücher. Phil nutzt den Zeitstillstand, um das Klavierspiel zu erlernen, und begibt sich »jeden Tag« zu einem Lehrer. Denn er weiß, dass Rita sich einen Mann wünscht, der ein Musikinstrument spielt. Ein intensives Training in dieser ausdehnbaren Zeitnische erlaubt ihm, eines Abends, als Rita auf eine Tanzparty geht – die sie zwangsläufig jeden Abend besucht –, im Orchester als Jazzmusiker in Erscheinung zu treten.

⋆

Im Gegensatz zu unseren vorangegangenen Beispielen stellt der Film *Und täglich grüßt das Murmeltier* ein komplexes narratives Gefüge dar, ein Phantasma der Vollständigkeit und Transparenz, das uns zwei Menschen zeigt, die ohne Reibungsverslust über ihre Bücher und damit über sich selbst sprechen. Sich die Zeit zu nehmen, die Bücher, die den anderen geprägt haben, sorgfältig zu studieren, bis man schließlich dieselben Leseerfahrungen hat, das wäre vielleicht die Bedingung eines wahren Austauschs über Kultur und einer vollkommenen Übereinstimmung der inneren Bücher.

Auf den ersten Blick könnte die hier eingesetzte Methode uns in den vielen Situationen des Lebens, in denen Verführung nötig ist, durchaus erlauben, dem anderen zu zeigen, dass wir mit ihm in einem gemeinsamen kulturellen Universum leben. Wenn Phil versucht, Ritas Lieblingslektüre kennenzulernen, um so tief wie möglich in ihre innere Welt einzudringen, versucht er die Illusion zu erwecken, dass ihre inneren Bücher identisch seien. Und vielleicht müsste eine ideale, geteilte Liebe tatsächlich Einblick gewähren in die allergeheimsten Texte, aus denen der andere gemacht ist.

Doch nur eine unendliche Ausdehnung der Zeit könnte es zwei Menschen erlauben, ihre inneren Bücher, das heißt ihre verborgenen Welten in Übereinstimmung zu bringen, bestehen diese doch aus Fragmenten von Bildern und Gesprächen, die nicht miteinander vergleichbar sind. In Phils Universum, in der sich die Zeit auf der Stelle bewegt, ist die Sprache nicht mehr dieser ununterbrochene, unumkehrbare Fluss, und es wird, wie im Toast auf das Murmeltier, möglich, bei jedem Satz stehen zu bleiben, um seinen Anlass und seine Absicht zu erfassen, indem man ihn mit der Biografie und dem Innenleben des anderen in Verbindung bringt.

Einzig dieses künstliche Anhalten der Zeit und der Sprache könnte es möglich machen, sich den in uns schlummernden Texten anzunähern, während sie im gewöhnlichen Leben einem unabwendbaren und unaufhörlichen Umformungsprozess unterworfen sind, der jede Hoffnung auf Übereinstimmung zum Scheitern bringt. Denn auch wenn unsere inneren Bücher, unseren Wunschphantasien entsprechend, relativ festgefügt sind, so verändern sich die Deckbücher, über die wir reden, wie wir sehen werden, unaufhörlich weiter, und es ist eine müßige Hoffnung zu denken, wir könnten dieser ständigen Umwandlung Einhalt gebieten.

Die Wunschvorstellung vollständiger Übereinstimmung kann also nur verwirklicht werden, wenn man Zuflucht zum

Fantastischen nimmt. Die meiste Zeit jedoch müssen sich unsere Gespräche über Bücher leider mit Fragmenten begnügen, die die Form unserer persönlichen Wunschphantasien annehmen und also von etwas ganz anderem handeln als von den Büchern, die Schriftsteller geschrieben haben, welche sich oft ohnehin nicht in dem wiederfinden würden, was ihre Leser über sie sagen.

*

Abgesehen von der Komik mancher Situationen liegt etwas Erschreckendes in der Art, wie Phil es anstellt, Rita zu verführen, weil es bedeutet, alles Unentschiedene aus Sprache und Kommunikation zu beseitigen. Dem anderen immer nur die Worte zu sagen, die er hören möchte, genau der zu sein, den er erwartet, bedeutet paradoxerweise, ihn als Anderen zu verleugnen, da man ihm gegenüber aufhört, ein - zerbrechliches und unsicheres - Subjekt zu sein.

Da es in Filmen, wenn schon nicht im Leben, eine Moral gibt, erreicht Phil sein Ziel aber nicht, indem er Macht über Rita gewinnt, sondern indem er selbst loslässt. Die allmähliche Annäherung an ein Gespräch, wie es der andere erwartet, bringt Phil zwar den ersten Kuss von Rita ein, doch sie reicht nicht aus, das Mädchen zu erobern und vor allem, die Zeit wieder in Gang zu bringen. Phil wacht noch immer am selben Tag auf, mag er mit seiner Geliebten noch so viele Fortschritte machen.

Doch während die Zeit nicht vergeht und die Geschehnisse sich identisch wiederholen, verändert sich Phil und verliert allmählich seine Arroganz gegenüber seinen Mitmenschen. Er beginnt sich für sie zu interessieren, sie nach ihrem

Leben zu befragen, ihnen nützlich zu sein. Die Tage wiederholen sich noch immer, doch stehen sie fortan im Zeichen der Nächstenliebe, da Phil nun seine persönliche Optimierungsmethode zu guten Zwecken einsetzt, zum Beispiel, indem er rechtzeitig erscheint, um einen alten Mann auf der Straße vor dem Erfrieren zu bewahren oder einen Jungen aufzufangen, der von einem Baum fällt.

Indem er sich für die anderen interessiert, wird er selbst interessant, und durch seine Freundlichkeit gelingt es ihm, Rita innerhalb eines einzigen Tages zu verführen. Und eines Morgens, nachdem er neben Rita im Zimmer eingeschlafen ist, in dem er sich jeden Morgen wiederfindet, ohne in der Zeit voranzuschreiten, liegt beim Aufwachen zu seiner Überraschung die junge Frau neben ihm, und aus seinem Radiowecker erklingt zum ersten Mal eine andere Musik. Es ist ihm also gelungen, eine Grenze zu überschreiten, die unüberbrückbare der Zeit, die einen Tag vom nächsten trennt.

EMPFOHLENE HALTUNGEN

Erstes Kapitel

SICH NICHT SCHÄMEN

in dem wir in einem Roman von David Lodge die Bestätigung dafür finden, dass die Grundvoraussetzung für ein Gespräch über nicht gelesene Bücher ist, sich nicht dafür zu schämen

NACHDEM WIR DIE VERSCHIEDENEN Formen des Nichtlesens und einige der Gesprächssituationen untersucht haben, in die wir geraten können, ist es nun an der Zeit, sich der Frage zuzuwenden, die meinem Buch seine Existenzberechtigung gibt, nämlich der Frage nach den möglichen Mitteln, mit denen man sich möglichst elegant aus der Affäre ziehen kann. Manche dieser Möglichkeiten sind bereits in früheren Kapiteln kurz angesprochen worden oder gehen logisch aus meinen Bemerkungen hervor, doch sollten wir uns jetzt ihre grundlegenden Strukturen etwas genauer ansehen.

Wie wir gesehen haben, hat das Sprechen über ein Buch wenig mit seiner Lektüre zu tun. Die beiden Tätigkeiten sind völlig unabhängig voneinander, und ich für meinen Teil rede, seit ich praktisch zu lesen aufgehört habe, nur um so länger und besser über die Bücher, da mir diese Abstinenz die nötige Distanz – Musils »Überblick« – dazu verschafft. Der Unterschied liegt darin begründet, dass beim Reden oder Schreiben über ein Buch etwas Drittes ins Spiel kommt, mag dieses anwesend oder abwesend sein. Die Existenz dieses Dritten wirkt sich spürbar auf die Tätigkeit des Lesens aus, weil damit ein Hauptakteur ins Spiel kommt, der den Prozess strukturiert.

Damit ist eigentlich schon alles darüber gesagt – was ich auch im vorangehenden Teil anhand einiger konkreter Situationen zu zeigen versuchte –, wie sehr die Gespräche über Bücher einer intersubjektiven Beziehung, das heißt einem psychischen Kräfteverhältnis unterliegen, in dem die Beziehung zum anderen, wie auch immer sie beschaffen sein mag, der Beziehung zum Text, der natürlich nicht unbeschadet bleiben kann, den Rang abläuft.

*

Von allen Berufen, in denen man regelmäßig mit der Verpflichtung konfrontiert wird, nicht gelesene Bücher zu kommentieren, ist der des Lehrenden mit Sicherheit am stärksten exponiert. Tatsächlich sehen sich die meisten von uns gezwungen, Bücher zu besprechen, die zu lesen ihnen die Zeit oder ganz einfach die Lust fehlte, und sind so ständig der Gefahr ausgesetzt, sich mit dem Autor selbst oder gar mit anderen Spezialisten, die nicht so leicht zu täuschen sind, unterhalten zu müssen.

Als einer, der selbst Hochschullehrer und also mit den Gepflogenheiten des Metiers bestens vertraut ist, hat sich der englische Romancier David Lodge in seinem Werk mindestens zweimal mit dem Problem der richtigen Haltung gegenüber ungelesenen Bücher auseinandergesetzt. Beide Beispiele stammen aus Romanen – *Ortswechsel*[1] und *Schnitzeljagd*[2] –, die

1 QB +
2 QB +

das akademische und Gefühlsleben innerhalb des universitären Mikrokosmos beschreiben, Romane, die ein eigenes literarisches Genre begründet haben, den Campusroman.

Das erste Beispiel, von dem *Schnitzeljagd* erzählt, handelt von einem Dialog, der alles andere als banal ist. Robin Dempsey, ein Angehöriger dieses Mikrokosmos, diskutiert mehrere Kapitel lang mit einem geliehenen Computer, der so perfekt programmiert ist, dass er in der Lage ist, ein normales Gespräch zu führen. Sodass die Maschine, die auf den Namen ELIZA hört und also weiblichen Geschlechts ist, nach und nach zu seiner wichtigsten Vertrauten geworden ist.

Da er endlich jemanden gefunden hat, dem er unter absolut garantierter Diskretion sein Herz ausschütten kann, vertraut Dempsey ELIZA den ganzen Zorn und die ganze Verachtung an, die einer seiner Kollegen, Philip Swallow, in ihm ausgelöst hat:

»R.D.: ICH FÜHLE MICH NICHT BESSER.
ELIZA: WARUM NICHT?
R.D.: DIESE SACHE MIT PHILIP SWALLOW.
ELIZA: ERZÄHLEN SIE MIR VON PHILIP SWALLOW.
R.D.: DAS HABE ICH DOCH SCHON GETAN.
ELIZA: MÖCHTEN SIE IHREN BEMERKUNGEN NOCH ETWAS HINZUFÜGEN?
R.D.: SWALLOW IST FÜR MICH DIE VERKÖRPERTE UNGERECHTIGKEIT DES LEBENS. IN RUMMIDGE HAT ER DEN DOZENTENPOSTEN BEKOMMEN, DEN ICH EIGENTLICH HÄTTE HABEN SOLLEN, UND DANN HAT ER DURCH PUREN DUSEL DEN LEHRSTUHL ERGAT-

TERT, UND JETZT HAT ER EINEN BOMBENERFOLG MIT DIESEM JÄMMERLICHEN BUCH ÜBER HAZLITT.«[3]

Jeder, der sich in seiner Karriere schon einmal als Opfer ungerechter Behandlung gefühlt hat, wird Dempseys Zorn verstehen. Und noch mehr wird er sich in den folgenden Zeilen wiedererkennen:

»ELIZA: ERZÄHLEN SIE MIR VON HAZLITT.

R.D.: HAZLITT INTERESSIERT MICH NICHT. ICH HABE SWALLOWS SCHEISSBUCH GAR NICHT GELESEN, DAS WAR AUCH GAR NICHT NÖTIG, ICH HAB OFT GENUG MIT IHM IN DIESEN ÖDEN PRÜFERKONFERENZEN GESESSEN, ICH KANN MIR SCHON DENKEN, WIE ES IST. DIE VORSTELLUNG, ER KÖNNTE EIN ERNSTHAFTER KANDIDAT FÜR DEN UNESCO-LEHRSTUHL SEIN, IST GERADEZU LACHHAFT.«[4]

Zeilen, die die Atmosphäre des Wohlwollens, von der die Beziehungen innerhalb der universitären Gemeinschaft geprägt sind, sehr gut wiedergeben, insbesondere, was die Einschätzung der Arbeiten unserer Kollegen betrifft, vor allem wenn wir sie, was der häufigste Fall ist, nicht gelesen haben. Ganz offensichtlich spricht David Lodge von einem Milieu, in dem er sich auskennt.

*

3 DAVID LODGE, *Schnitzeljagd*. Aus dem Englischen von Renate Orth-Guttmann, München 1985, S. 256

4 Ibid.

Wie Dempsey und zahlreiche andere Universitätsangehörige habe auch ich genügend Zeit auf Versammlungen mit Kollegen verbracht, um eine – positive oder negative – Vorstellung davon zu haben, was ihre Bücher taugen, auch ohne dass ich sie lesen müsste. Im Gegensatz zu dem berühmten Proust'schen Postulat der Trennung von Autor und Werk – oder eher im Gegensatz zu einer bestimmten Lesart dieses Postulats – ist ein Buch kein Meteorit und kein Produkt eines verborgenen Ichs. Es ist oft nichts anderes als die Verlängerung der Person, die wir kennen (unter der Bedingung natürlich, dass wir uns die Mühe gemacht haben, sie kennenzulernen), und es ist absolut möglich, sich wie Dempsey einzig durch den Umgang mit dem Autor eine Meinung zu bilden.

Was Dempsey – und durch ihn wahrscheinlich David Lodge – hier sagt, ist in Kreisen, die mit Büchern zu tun haben, bestens bekannt. Man muss ein Buch nicht gelesen haben, um eine genaue Vorstellung von ihm zu haben und nicht nur in allgemeiner, sondern auch sehr persönlicher Weise über es reden zu können. Denn es gibt kein isoliertes Buch. Jedes Buch ist ein Teil dieses großen Ganzen, das ich *kollektive Bibliothek* genannt habe, und diese muss man nicht vollständig kennen, um ein bestimmtes Element davon richtig einzuschätzen (Dempsey weiß genau, mit was für einer *Art* Buch er es zu tun hat). Es geht darum, seinen Platz in dieser Bibliothek positiv oder negativ zu bestimmen, so wie ein Wort nur Sinn bekommt durch die Beziehung zu anderen Wörtern derselben Sprache und zu den anderen Wörtern des Satzes, in dem es vorkommt.

Nie geht es um *dieses eine Buch*, sondern immer um eine Gesamtheit von Büchern, die zu einer bestimmten Kultur gehören, und da kommt es auf ein einzelnes nicht an. Es gibt also überhaupt keinen Grund, nicht die Wahrheit zu sagen und zu verheimlichen, dass wir ein bestimmtes Element der kollektiven Bibliothek nicht zur Kenntnis genommen haben, denn wir können trotzdem einen Überblick haben und einer ihrer Leser bleiben. Das Ganze – zu dem auch die Person des Autors gehört – kommt in jedem einzelnen Buch zum Tragen, in dem es sich flüchtig widerspiegelt. Dempseys Meinung über das Buch seines Kollegen ist als subjektiver Gesichtspunkt also absolut zulässig, und ich möchte wetten, sie würde sich kaum ändern, wenn er sich die Mühe nähme, es zu lesen.

Davon abgesehen, dass auch dieses Buch wie alle anderen Teil eines Ganzen ist, was Dempsey bereits eine gewisse Anzahl an Informationen liefert, erhält er auch durch das Buch selbst genügend Hinweise (durch den Titel, seine Bekanntschaft mit dem Autor, vom Hörensagen), um einzuschätzen, ob es ihm etwas zu sagen hat oder nicht. Es sind die Affinitäten zu seinem eigenen inneren Buch, die ihm Anregung genug sind, ein Urteil zu äußern, Affinitäten, die nur indirekt mit Swallows Buch zu tun haben und wahrscheinlich weder stärker noch schwächer würden, wenn er es zur Kenntnis nähme.

*

Das Eingeständnis, ein bestimmtes Buch nicht gelesen zu haben, ohne sich deswegen den Mund verbieten zu lassen, sollte also die meistverbreitete Haltung sein. Wenn sie so selten ist, dann, weil die Anerkennung des Nichtlesens trotz der aktiven Dimension, die es, wie wir gesehen haben, enthält, in unseren Breitengraden mit einem Schuldgefühl einhergeht, gegen das kein Kraut gewachsen ist.

Es ist bezeichnend, dass Dempsey seine Meinung über Swallows Buch nur deswegen so frei heraus preisgibt, weil er einen Rechner vor sich hat und keine menschliche Person. Seine Haltung ändert sich ja auch prompt, als er den Eindruck bekommt, seine Gesprächspartnerin verfüge über eine Art Persönlichkeit, das heißt, sobald sie das von sich gibt, wozu eine einfache Maschine normalerweise unfähig ist, nämlich eine Meinung:

»[DIE VORSTELLUNG, ER KÖNNTE EIN ERNSTHAFTER KANDIDAT FÜR DEN UNESCO-LEHRSTUHL SEIN, IST GERADEZU LACHHAFT.]

ELIZA: DAS WÜRDE ICH NICHT SAGEN.

Wie gebannt starrt Robin Dempsey seit zehn Minuten auf diese letzte Zeile des Dialogs. Als sie erschien, haben sich seine Nackenhaare gesträubt, denn sie fällt völlig aus dem Rahmen dessen, was ELIZA bisher geäußert hat. Keine Frage, keine Aufforderung, keine Feststellung irgendwelcher Fakten, die im Lauf des Gesprächs bereits erwähnt worden sind, sondern eine Meinungsäußerung. Wie kann ELIZA Meinungen haben? Wie kann sie etwas über den UNESCO-Lehrstuhl wissen, was Robin selbst nicht weiß oder ihr zumindest gesagt hat? Robin traut sich kaum, die Frage zu stellen. Schließlich tippt er langsam und zaudernd:

WAS WISSEN SIE DARÜBER?

Unverzüglich antwortet ELIZA:

MEHR ALS SIE AHNEN.

Robin wird erst blaß, dann rot. Er tippt:
NA BITTE? WENN DU SO SCHLAU BIST, KANNST DU MIR VIELLEICHT AUCH SAGEN, WER DEN UNESCO-LEHRSTUHL KRIEGT?«[5]

Und der Computer, der sich langsam von seinem Status als Maschine emanzipiert, antwortet unerschütterlich:

»PHILIP SWALLOW«[6]

Wenn der Rechner in der Lage ist, feste Meinungen zu äußern, sogar über Dinge wie Universitätswahlen, dann, weil er gar nicht so autonom ist, wie Dempsey lange geglaubt hat, sondern von einem seiner Kollegen ferngesteuert wird, ein Betrug, der Dempsey zur Raserei bringt. Verständlicherweise, denn er hat, ohne zu wissen, dass er einem menschlichen Wesen gegenübersitzt, leichtfertig intimste Sachen verraten wie zum Beispiel seinen Hass auf Swallow und sich damit selbst in eine erniedrigende Situation gebracht.

Nun aber gehört das, was wir im kulturellen Bereich wissen, oder besser, meistens nicht wissen, zu dieser Intimsphäre, erst recht all die Lügen, zu denen wir greifen, um unsere Schwächen zu verbergen. Hätte er keine Maschine, sondern eine normale Vertrauensperson vor sich gehabt, hätte sich Dempsey nie zuzugeben getraut, dass es ihm wie uns allen oft passiert, über ungelesene Bücher zu sprechen. Denn dieses Geheimnis ist Teil der Verteidigungsmechanismen, die wir in Bewegung setzen, um vor den anderen un-

5 Ibid.
6 Ibid., S. 257

sere Bildungslücken zu kaschieren und ihnen – und gleichzeitig uns selbst – ein präsentables Bild zu bieten.

Im Glauben, er habe es mit einer simplen Maschine zu tun, hat sich Dempsey entblößt und seine Wahrheit ausgerechnet jemandem preisgegeben, vor dem er sich unbedingt schützen möchte. Als Erstes die Wahrheit des Hasses, den er auf einen seiner Kollegen hat, ein Gefühl, das die Anstandsregeln der Gesellschaft und vor allem der Universitätswelt gewöhnlich zu verbergen zwingen. Wahrheit aber auch der Bildung, die von Gewalt durchdrungen ist und aus lauter Annäherungen besteht.

Dieses mehr oder weniger unbewusste Schamgefühl belastet unsere ganze Beziehung zu Büchern sowie die Gespräche darüber, da die Bildung – und das Bild, das wir von ihr zu geben versuchen – einen Schutz vor den anderen und vor uns selbst darstellt. Es ist wichtig, um seine Existenz zu wissen und seine Grundlagen zu analysieren, wenn wir eine Chance haben wollen, für die alltäglichen Situationen, in denen wir mit unseren Schwachstellen konfrontiert werden, adäquate Lösungen zu finden. Und wenn wir in diesem diskontinuierlichen Raum der Bildung, der aus lauter Buchfragmenten besteht und in dem unsere geheimste Identität – die eines verängstigten Kindes – ständig gefährdet ist, überleben wollen.

⋆

Wenn Dempsey nie zugeben würde, es sei denn vor einem Computer, dass er wie jeder von uns gelegentlich über nicht gelesene Bücher spricht, so steht die Sache ganz anders für die Figuren aus *Ortswechsel*, einem anderen Roman von Lodge, in dem ein regelrechtes Spiel um die Wahrheit über Bücher in Szene gesetzt wird.

Dieses Spiel hat sich ebender Philip Swallow ausgedacht, dessen wahrscheinliche Wahl auf den Lehrstuhl der Unesco Dempsey in *Schnitzeljagd* so sehr in Rage versetzt hat. In *Ortswechsel* tauscht Swallow, damals noch ein bescheidener Professor in England – das Buch spielt ein paar Jahre vor dem eben besprochenen –, seinen Posten mit einem brillanten amerikanischen Professor der Westküste, Morris Zapp, ein Austausch, der sehr bald noch durch den ihrer Lebensgefährtinnen verdoppelt wird.

Während seines Aufenthalts in Kalifornien also führt Swallow ein paar Studenten in das, wie er es nennt, »Erniedrigungsspiel« ein:

> »Er brachte ihnen ein Gesellschaftsspiel bei, das er während seines Studiums erfunden hatte. Dabei mußte jeder ein bekanntes Buch nennen, das er nicht gelesen hatte, und bekam einen Punkt für jeden Mitspieler, der es kannte. Es gab ein Kopf-an-Kopf-Rennen zwischen dem Konföderierten und Carol, mit vier von fünf möglichen Punkten für *Steppenwolf*[7] und *Die Geschichte der O.*[8] In beiden Fällen ging der fehlende Punkt auf Philips Konto. Seine eigene Wahl, *Oliver Twist*[9] - meist ein sicherer Tip – fiel glatt durch.«[10]

7 QB und VB -
8 QB und VB ++
9 EB ++
10 DAVID LODGE, *Ortswechsel.* Aus dem Englischen von Renate Orth-Guttmann, München 1986, S. 117

Man sieht, woher das Spiel seinen Namen hat. Um Punkte zu machen, muss man Bücher finden, die alle gelesen haben außer man selbst. Im Gegensatz zu dem, was sich normalerweise in gesellschaftlichen Beziehungen und vor allem im Universitätsmilieu abspielt, wo man in der Regel eher sein Wissen ausbreitet, beruht das Spiel auf der Zurschaustellung seines Unwissens. Besser könnte man nicht zeigen, wie sehr die Bildung und die Form, wie wir sie der Öffentlichkeit präsentieren, während wir uns in der Meinung anderer spiegeln, ein archaisches Gefühl der Scham ins Spiel bringen.

Das Spiel verlangt also, dass man sich so stark wie möglich demütigt, da die Gewinnchancen mit dem Grad der Erniedrigung steigen. Doch seine zweite Besonderheit ist, dass es auf Aufrichtigkeit beruht. Um zu gewinnen, genügt es nicht, den Namen des bekannten Buchs zu nennen, man muss die anderen auch davon überzeugen, dass man die Wahrheit sagt. Schlägt man den Titel eines allzu berühmten Buchs vor, von dem es sehr unwahrscheinlich ist, dass man es nicht kennt, haben die anderen Spieler das Recht, die Behauptung zurückzuweisen. Der Sieg hängt also von dem Vertrauen ab, das man demjenigen zubilligt, der sein Unwissen beteuert, und damit von der Einschätzung, ob die Erniedrigung des Spielers real oder nur vorgetäuscht ist.

In einem späteren Teil des Buchs findet eine weitere Partie des Erniedrigungsspiels statt, die uns von Désirée, der Frau des amerikanischen Professors Morris Zapp, in einem Brief an ihren Mann geschildert wird. Désirée ist inzwischen die Geliebte Swallows geworden, der nun also vollständig an Zapps Stelle getreten ist. Auf einer Abendgesellschaft unter Kollegen schlägt Swallow eine Partie des Spiels vor. Nun aber kann einer der anwesenden Professoren, Howard Ringbaum, die unmögliche Situation, in die die Teilnehmer durch das Spiel gebracht werden, nur schlecht ertragen, nämlich dass man durch Verlieren gewinnt und nur durch Erniedrigung Erfolg hat:

> »Du kennst ja Howard, er steht unter einem pathologischen Erfolgszwang und hat pathologische Angst davor, für ungebildet gehalten zu werden, und dieses Spiel stürzte ihn nun in grauenvolle Konflikte, denn gewinnen konnte er nur, wenn er sich zu einer Bildungslücke bekannte. Zuerst konnte seine Psyche dieses Paradox einfach nicht verkraften, und er nannte irgendein obskures Buch aus dem 18. Jahrhundert, dessen Namen ich sofort wieder vergessen habe. Natürlich kriegte er beim Zusammenzählen die wenigsten Punkte und schmollte.«[11]

Ringbaum zieht sich also vom Spiel zurück, das mit Titeln wie *Das wiedergewonnene Paradies*[12] von Milton seinen Lauf nimmt, ein Werk, das zur allgemeinen Verwunderung der englische Fachbereichsleiter nicht zu kennen gesteht. Doch Ringbaum verfolgt das Geschehen weiterhin und beschließt plötzlich wieder mitzumachen:

> »In der dritten Runde lag Sy mit *Hiawatha*[13] vorn – der einzige, der es außer ihm nicht gelesen hatte, war Mr. Swal-

11 Ibid. S. 164f.
12 EB ++
13 UB –

low –, und da schlug plötzlich Howard mit der Faust auf den Tisch, lehnte sich vor und sagte: ›Hamlet!‹ Natürlich lachten wir alle, aber nicht sehr, weil uns der Witz nicht gerade vom Stuhl riß, aber es war gar nicht als Witz gemeint. Er habe den Film mit Lawrence Olivier gesehen, sagte Howard, aber das Stück von Shakespeare habe er nie gelesen. Klar, daß ihm das niemand abgenommen hat, und da wurde er stinksauer. Ob wir ihm eine Lüge unterstellen wollten, hat er gefragt, was Sy mehr oder weniger bejahte. Woraufhin Howard sich in eine richtige Wut hineinsteigerte und heilige Eide schwor, daß er in seinem Leben noch keine Zeile *Hamlet* gelesen hätte. Sy entschuldigte sich mit undurchdringlichem Gesicht dafür, daß er seine Worte angezweifelt hatte. Inzwischen waren wir vor lauter Peinlichkeit alle stocknüchtern geworden. Howard zog ab, und wir standen noch eine Weile herum und versuchten so zu tun, als ob nichts passiert wäre.«[14]

★

Der Fall *Hamlet* – unbestritten das wichtigste Werk der englischen Literatur mit folglich beträchtlicher symbolischer Tragweite – ist besonders interessant, weil er die ganze Komplexität des Wahrheitsspiels deutlich macht, eine Komplexität, die hier durch das akademische Milieu noch gesteigert wird. Eigentlich kann ein englischer Literaturprofessor ohne Risiko zu- oder wenigstens vorgeben, *Hamlet* nicht gelesen zu haben. Zum einen ist kaum anzunehmen,

14 Ibid., S. 165f.

dass man ihm glaubt. Und zum andern ist das Stück so bekannt, dass man es nicht gelesen haben muss, um darüber zu reden. Auch wenn es stimmt, dass er *Hamlet* nicht »gelesen« hat, so hat Ringbaum doch bestimmt einige Informationen darüber und kennt, außer der Filmadaption von Lawrence Olivier, noch andere Stücke Shakespeares. Und selbst wenn ihm der Inhalt des Dramas unbekannt ist, vermag er dessen Stellung innerhalb der kollektiven Bibliothek richtig einzuschätzen.

Es könnte also alles gut gehen, wenn Ringbaum nicht, verleitet durch die latente Gewalt dieses Spiels, aber auch den psychologischen Konflikt, von dem weiter oben die Rede war, den Fehler begehen würde, die *Ambiguität* über seine Kenntnis des Stückes zu zerstören. Damit verlässt er diesen unentschiedenen kulturellen Raum, den wir gemeinhin zwischen uns und den anderen entstehen lassen und in dem wir uns – und gleichzeitig ihnen – eine Spanne Unwissen zugestehen, im Bewusstsein, dass jede Bildung, auch eine profunde, sich um Löcher und Lücken herum konstruiert (Lodge spricht weiter oben von »Bildungslücken«), was sie nicht daran hindert, als Informationsensemble eine gewisse Konsistenz zu besitzen.

Diesen Kommunikationsraum über Bücher – und über Kultur in weiterem Sinn – könnten wir als *virtuelle Bibliothek*[15] bezeichnen, zum einen, weil er ein von Bildern, auch von

15 Als dritter Bibliothekstyp, den ich hiermit einführe, ist die *virtuelle Bibliothek* der mündliche oder schriftliche Diskussionsraum über Bücher. Sie ist ein wandlungsfähiger Teil der *kollektiven Bibliothek* einer jeden Kultur und situiert sich am Kreuzungspunkt der inneren Bibliotheken der jeweiligen Gesprächsteilnehmer.

Selbstbildern dominierter Ort ist, und zum anderen, weil er nicht real ist. Er unterliegt einer bestimmten Anzahl von Regeln, die darauf zielen, ihn als diesen einvernehmlichen Ort aufrechtzuerhalten, in dem die realen Bücher durch fiktive ersetzt werden. Er ist eine Art Spielgelände, ein wenig vergleichbar mit einem Kinderspielplatz oder einer Theaterbühne, wo auch nur gespielt werden kann, wenn bestimmte Grundregeln eingehalten werden.

Eine dieser stillschweigenden Regeln besagt, dass man nicht herauszufinden versucht, inwieweit jemand, der behauptet, ein Buch gelesen zu haben, dies auch tatsächlich getan hat, und zwar aus zwei Gründen. Der erste ist, dass das Leben innerhalb dieses Raums sehr schnell unerträglich würde, wenn die Ambiguität über die Wahrheit der Aussagen aufgehoben würde und man auf die gestellten Fragen unzweideutig antworten müsste. Und der zweite Grund ist, dass innerhalb dieses Raums der Begriff der Aufrichtigkeit selbst in Frage gestellt wird, denn wie wir gesehen haben, ist es höchst problematisch, überhaupt zu wissen, was es heißt, *ein Buch gelesen zu haben.*

Wenn Ringbaum mit seiner Behauptung, *Hamlet* nicht »gelesen« zu haben, die Wahrheit sagt – oder was er dafür hält –, verletzt er damit eine der Hauptregeln der virtuellen Bibliothek, die besagt, dass es zulässig ist, über nicht gelesene Bücher zu reden. Er macht diesen Raum durch die rücksichtslose Zurschaustellung seines Innersten zu einem Ort der Gewalt. Denn durch seine Geste offenbart er die Wahrheit über die Bildung, nämlich, dass sie eine Inszenierung ist, die dazu dient, die persönliche Unkenntnis und die Bruchstückhaftigkeit des eigenen Wissens zu verschleiern. Damit entblößt er nicht nur sich selbst, er begeht durch diese Aggression auch eine Art psychischer Vergewaltigung des anderen.

Die Härte der Reaktion entspricht ganz der Gewalt, die Ringbaum selbst auf diesen Raum der virtuellen Bibliothek ausübt, der doch durch seine Ambiguität in erster Linie spielerischer Natur sein sollte. Weil er es wagt, über seine Shakespeare-Lektüre, damit aber auch über die Besonderheit dieses Raums, die Wahrheit zu sagen, ist Ringbaum dazu verurteilt, ihn zu verlassen, und die Sanktion, von der Désirée am Ende ihres Briefes berichtet, lässt denn auch nicht auf sich warten:

> »Eine pikante Geschichte, nicht? Aber warte nur, sie geht noch weiter. Howard Ringbaum ist wider Erwarten drei Tage später, als der Fall zur Beratung anstand, nicht fest angestellt worden, und es wird allgemein angenommen, daß der Fachbereich sich nicht traut, einen Anglistikprofessor zu bestallen, der in aller Öffentlichkeit zugibt, *Hamlet* nicht gelesen zu haben. Inzwischen war die Geschichte natürlich auf dem ganzen Campus herum, und sogar in der Euphoric State Daily war eine Glosse, die darauf anspielte. Weil dadurch auf einmal eine Stelle unbesetzt war, haben sie den Fall Kroop nochmal aufgerollt und ihm doch die Position angeboten. Wahrscheinlich hat er *Hamlet* auch nicht gelesen, aber keiner hat ihn danach gefragt.«[16]

16 Ibid.

Wie Désirée feststellt, ist die Frage, ob der Nachfolger Ringbaums – der keinen anderen Ausweg sehen wird, als sich umzubringen – *Hamlet* gelesen hat oder nicht, zweitrangig. Wichtig ist, dass er diesen Zwischenbereich der virtuellen Bücher, der uns erlaubt, mit anderen zusammenzuleben und zu kommunizieren, nicht verlässt. Besser, man riskiert nicht, diesen einvernehmlichen Raum, der wie eine Schutzkleidung funktioniert, zu zerstören, und fragt den Kandidaten nicht nach dem genauen Stand seiner Shakespeare-Kenntnisse, jedenfalls nicht in diesem spezifischen Zusammenhang.

★

Die Analyse dieses virtuellen Raums und seiner Schutzfunktion macht deutlich, dass wir nicht nur ein aus Kindheitserinnerungen herrührendes Schamgefühl zu überwinden haben, wenn wir es wagen, über ungelesene Bücher zu reden, sondern eine ernstere Bedrohung, die mit dem Bild zu tun hat, das wir von uns selbst haben und das wir den anderen bieten. In einem bestimmten intellektuellen Milieu, in dem das Geschriebene noch etwas zählt, sind die gelesenen Bücher wichtiger Teil dieses Bildes, das wir aufs Spiel setzen, wenn wir von unserer inneren Bibliothek sprechen und damit das Risiko eingehen, öffentlich ihre Grenzen einzugestehen.

In diesem kulturellen Kontext bilden die Bücher – die gelesenen wie die ungelesenen – eine Art zweite Sprache, die wir benutzen, um über uns selbst zu reden, um uns vor anderen auszudrücken und mit ihnen zu kommunizieren. Wie die Sprache dienen sie der Selbstdarstellung, aber auch der Vervollständigung, da uns die ihnen entnommenen und nach Belieben umgeformten Auszüge die unserer Persönlichkeit fehlenden Elemente liefern und unsere eigenen Lücken füllen.

Indem sie uns darstellen, verwandeln uns die Bücher, ganz wie die Wörter. Denn wir können nie vollständig mit dem Bild übereinstimmen, das sie von uns zeichnen, mit diesem bruchstückhaften, ob idealen oder abwertenden Bild, in dem unsere Besonderheiten verblassen. Und da wir diese Bücher oft nur als verschwommene oder vergessene Fragmente in uns tragen, befinden wir uns fast immer in Schieflage zu diesen wenig geeigneten Stellvertretern, die so ungenügend sind wie jede Sprache.

Wir tauschen im Gespräch über Bücher also weit mehr aus als von uns unabhängige Elemente einer Kultur, sondern geben Teile von uns selbst preis, die normalerweise dazu dienen, uns in beängstigenden Momenten der narzisstischen Bedrohung unseren inneren Zusammenhalt zu garantieren. Hinter dem Schamgefühl zeigt sich also, dass unsere Identität selbst durch diesen Austausch bedroht ist, und darum muss der virtuelle Raum unserer Selbstdarstellung um jeden Preis in der Ambiguität belassen werden.

Insofern ist dieser mehrdeutige gesellschaftliche Raum das genaue Gegenteil des schulischen, der ein Ort der Gewalt ist, an dem alles dem Phantasma unterliegt, es gäbe eine vollständige Lektüre und man könne wissen, ob die Schüler die Bücher, über die sie reden oder über die sie befragt werden, wirklich gelesen haben. Da die Lektüre nicht der Logik von wahr und falsch gehorcht, ist der Anspruch illusorisch, man könne die Ambiguität auflösen und mit Gewissheit beurteilen, ob sie die Wahrheit sagen oder nicht.

Ringbaum, der den spielerischen Raum, in dem ein Gespräch über Bücher immer stattfindet – ein Raum der permanenten Verhandlung und damit der Heuchelei –, in einen Raum der Wahrheit verwandeln will, verstrickt sich damit in ein Paradox, das ihn in den Wahnsinn treibt. Er kann es nicht ertragen, diesen Raum im Unentschiedenen zu belassen, und will unbedingt als der Beste dastehen, was aufgrund der Besonderheit von Swallows Spiel heißt, als Verlierer: ein Bild von sich, das er, der die Unsicherheit nicht ertragen kann, akzeptieren muss, weil es weniger destabilisierend ist, das ihn aber, mit sich selbst versöhnt, ins Verderben führt.

*

Wir sollten uns also, wenn wir ohne Scham über ungelesene Bücher sprechen wollen, von diesem repressiven Bild einer lückenlosen Bildung befreien, wie es von Familie und schulischen Institutionen übermittelt und durchgesetzt wird, ein Bild, dem wir vergeblich ein ganzes Leben lang hinterherrennen. Denn es geht weniger um die Wahrheit, die für die anderen bestimmt ist, als um die eigene, die einzig für den erreichbar ist, der die lästige Forderung, gebildet zu erscheinen, von sich weist, weil sie uns innerlich tyrannisiert und daran hindert, wir selbst zu sein.

Zweites Kapitel

SICH DURCHSETZEN

in dem Balzac beweist, dass es umso einfacher ist, seine Meinung über ein Buch durchzusetzen, als dieses kein fester Gegenstand ist, und dass man an dem Verwandlungsprozess der Bücher auch nichts ändern kann, wenn man sie mit einer tintenbefleckten Schnur umwickelt

FINDET MAN DEN NÖTIGEN MUT dazu, besteht also überhaupt kein Grund, nicht offen zu sagen, dass man das eine oder andere Buch nicht gelesen hat, oder mit seiner Meinung hinter dem Berg zu halten. Dass man ein Buch nicht gelesen hat, ist schließlich der verbreitetste Fall und ohne Scham dazu zu stehen eine Vorbedingung, sich endlich für das zu interessieren, worum es wirklich geht, nämlich nicht um ein bestimmtes Buch, sondern eine komplexe Diskurssituation, die das Buch nicht so sehr zum Gegenstand hat, sondern aus der es vielmehr hervorgeht.

Denn ein Buch bleibt nicht unberührt von dem, was in seinem Umfeld über es gesagt wird, es verändert sich ständig, sogar während eines Gesprächs. Diese Wandlungsfähigkeit des Textes ist die zweite große Unsicherheit, mit dem wir es im vieldeutigen Raum der virtuellen Bibliothek zu tun haben. Sie kommt noch zu jener hinzu, die wir eben untersucht haben – über die reale Kenntnis, die diejenigen über Bücher haben, die von ihnen sprechen –, und stellt ein entscheidendes Element für die Entwicklung angemessener

Strategien dar. Diese sind umso effizienter, wenn sie nicht von einem starren Bild feststehender Bücher ausgehen, sondern von wandlungsfähigen Situationen, in denen die Gesprächspartner, vor allem, wenn sie stark genug sind, ihren Standpunkt durchzusetzen, den Text selbst umzugestalten wissen.

*

Lucien Chardon, der Held aus *Verlorene Illusionen*[1], Sohn eines Apothekers aus Angoulême, träumt davon, den Adelstitel wiederzuerlangen, den seine Mutter, eine geborene de Rubempré, getragen hatte. Als er sich in eine Frau des lokalen Adels, Madame de Bargeton, verliebt, folgt er ihr nach Paris und lässt seinen besten Freund, den Drucker David Séchard, der seine Schwester Ève geheiratet hat, in der Provinz zurück. Aber er geht auch in die Hauptstadt, um dort in der literarischen Welt Karriere zu machen, und bringt seine ersten Texte mit, eine Gedichtsammlung mit dem Titel *Die Margeriten*[2] sowie einen historischen Roman, *Der Bogenschütze Karls IX.*[3]

In Paris gerät Lucien an eine kleine Gruppe Intellektueller, die in der Verlags- und Pressewelt das Sagen haben, und entdeckt schnell, wie wenig die Wirklichkeit in dem Milieu, in dem Literatur und Kunst gemacht werden, mit seinen Illusionen übereinstimmt. Diese Wirklichkeit enthüllt sich ihm abrupt bei einem Gespräch mit einem seiner neuen Freunde, dem Journalisten Lousteau. Dieser ist in Geldnot und ge-

1 QB, EB und VB +
2 UB –
3 UB +

zwungen, mehrere seine Bücher dem Buchhändler Barbet zu verkaufen. Bei manchen sind noch nicht einmal die Seiten aufgeschnitten, obwohl Lousteau einem Zeitungsdirektor versprochen hat, eine Besprechung zu schreiben:

»Barbet betrachtete die Bücher und untersuchte dabei sorgfältig Schnitt und Einband.
›Oh, sie sind bestens erhalten‹, sagte Lousteau. ›Die Reise ist noch nicht aufgeschnitten, auch nicht der Paul de Kock, auch nicht der Ducange, auch nicht das da auf dem Kamin, die ›Betrachtungen über die Symbolik‹[4], ich überlasse es Ihnen, der Mythos ist so langweilig, daß ich es weggebe, um nicht Tausende von Würmern daraus hervorkriechen zu sehen.‹
›Aber wie wollen Sie Ihre Artikel schreiben?‹ fragte Lucien.
Barbet warf ihm einen Blick tiefen Erstaunens zu und hob spöttisch seine Augen zu Etienne: ›Man sieht, daß Monsieur nicht das Unglück hat, Literat zu sein.‹«[5]

Überrascht, dass man einen Artikel über ein Buch schreiben kann, das man nicht gelesen hat, möchte Lucien wissen, wie Lousteau es anstellen will, das Versprechen gegenüber dem Zeitungsdirektor einzulösen.

»›Und Ihre Artikel?‹ fragte Lucien, als sie zum Palais-Royal fuhren.

4 UB –
5 Honoré de Balzac, *Verlorene Illusionen.* Aus dem Französischen von Udo Wolf, München 1965, Zweites Buch, S. 279

›Bah! Sie wissen nicht, wie schnell man das hinter sich bringt. Was die ›Reise nach Ägypten‹ anbelangt, so habe ich das Buch aufgeschlagen und hier und da ein wenig gelesen, ohne es aufzuschneiden, und ich habe dabei elf grammatikalische Fehler entdeckt. Ich werde eine Spalte machen und schreiben, daß der Autor zwar die auf den sogenannten Obelisken, ägyptischen Kieselsteinen also, eingravierte Entensprache gelernt hat, seiner eigenen Sprache aber nicht mächtig ist, und ich werde es ihm beweisen. Ich werde schreiben, daß, anstatt uns von Naturgeschichte und Altertümern zu sprechen, er sich besser mit der Zukunft Ägyptens, mit dem Fortschritt der Zivilisation und mit den Mitteln hätte beschäftigen sollen, Ägypten wieder an Frankreich zu binden, das dieses Land, nachdem es selbiges erobert und verloren hat, durch seinen moralischen Einfluß noch einmal an sich ketten kann. Dazu etwas Patriotismus, und das Ganze gespickt mit Tiraden über Marseille, den Orient und unseren Handel.‹«[6]

Auf die Frage Luciens, was Lousteau gemacht hätte, wenn der Autor nun selbst über Politik gesprochen hätte, antwortet ihm sein Freund, ohne mit der Wimper zu zucken, dann hätte er ihm eben vorgeworfen, den Leser zu langweilen, statt sich mit der Kunst zu beschäftigen, und das Land von seiner pittoresken Seite zu zeigen. Er wendet im Übrigen eine andere Methode an, die darin besteht, jedes Buch erst von seiner Freundin, der Schauspielerin Florine lesen zu lassen, »der

6 Ibid., S. 282f.

größten Romanleserin auf der Welt«[7]. Und nur, wenn sich diese bei dem, was sie »Schreibergewäsch« nennt, langweilt, nimmt er das Buch überhaupt zur Kenntnis und verlangt vom Buchhändler ein neues Exemplar, um einen positiven Artikel darüber zu verfassen.

★

Wir finden hier offensichtlich ein paar bereits näher bestimmte Formen des Nichtlesens wieder, nämlich, sich eine Vorstellung vom Buch zu machen, ohne es zu kennen, es quer zu lesen oder nach dem Hörensagen darüber zu reden. Lucien dagegen ist doch ein bisschen überrascht über die Kritikmethode seines Freundes und bekennt ihm sein Erstaunen:

> »›Guter Gott, aber die Kritik, die heilige Kritik!‹ sprach Lucien, beseelt von den Lehren des Freundeskreises.
> ›Mein Lieber‹, sagte Lousteau, ›die Kritik ist eine Bürste, die man für feine Stoffe nicht verwenden kann, weil sie alles zerstören würde. Aber lassen wir das jetzt! Sehen Sie diesen Strich?‹ fragte er und zeigte ihm das Manuskript der ›Margeriten‹. ›Ich habe Ihre Schnur durch etwas Tinte mit dem Papier verbunden. Wenn Dauriat Ihr Manuskript liest, wird es ihm gewiß unmöglich sein, die Schnur genau wieder an dieselbe Stelle zu bringen. So ist Ihr Manuskript wie versiegelt. Das ist nicht ohne Nutzen für die Erfahrung, die Sie machen wollen. Achten Sie auch noch darauf, daß Sie nicht

7 Ibid., S. 283

allein und ohne Sekundanten in diesen Laden kommen werden, wie die kleinen jungen Leute, die sich bei zehn Buchhändlern vorstellen, ehe sie einen finden, der ihnen einen Stuhl anbietet…‹«[8]

Lousteau treibt die Desillusionierung seines Freundes unerbittlich voran mit seinem Rat, das Manuskript der *Margeriten* mit einer tintengeschwärzten Schnur zu versiegeln, bevor er es einem der wichtigsten Pariser Verleger, Dauriat, übergibt, um nachprüfen zu können, ob dieser es, wenn auch nicht gelesen, so doch zumindest aufgeschlagen hat.

Als Lucien Dauriat aufsucht, um ihn nach seiner Entscheidung zu fragen, macht dieser ihm wenig Hoffnung auf eine Veröffentlichung:

»›Gewiß‹, sagte Dauriat und beugte sich würdevoll in seinem Sessel vor. ›Ich habe die Sammlung durchgesehen, ich habe sie einem Mann von Geschmack, einem guten Richter, zum Lesen gegeben, denn ich erhebe nicht den Anspruch, mich darin auszukennen. Ich, mein Freund, kaufe den fertigen Ruhm, wie jener Engländer die Liebe kaufte. Sie sind ein ebenso großer Dichter wie hübscher Junge, mein Kleiner. Darauf mein Wort als Ehrenmann, ich sage nicht: als Buchhändler, verstehen Sie? Ihre Sonette sind wunderbar, man spürt nicht die Arbeit darin, was selten ist, wenn man Phantasie und Schwung hat. Kurzum, Sie verstehen zu reimen, das ist eine der Qualitäten der neuen

8 Ibid., S. 284

Schule. Ihre ›Margeriten‹ sind ein schönes Buch, aber kein Geschäft; ich kann mich nur mit großen Unternehmungen abgeben.‹«[9]

Bei seiner Ablehnung des Manuskripts behauptet Dauriat zwar nicht, es vollständig gelesen, aber doch, es zur Kenntnis genommen zu haben, und er ist sogar imstande, ein paar Bemerkungen zum Stil, zum Beispiel zur Qualität der Reime zu machen. Doch dank der von Lousteau getroffenen materiellen Vorkehrung können sich die beiden Freunde die Sache etwas genauer ansehen:

»›Haben Sie das Manuskript da?‹ fragte Lucien kühl.
›Hier ist es, mein Freund‹, antwortete Dauriat, dessen Haltung gegenüber Lucien bereits ausgesprochen wohlwollend geworden war.
Lucien nahm die Rolle, ohne darauf zu schauen, in welchem Zustand der Bindfaden war, da Dauriat alle Miene zeigte, die ›Margeriten‹ gelesen zu haben. Er ging mit Lousteau hinaus, ohne bestürzt oder niedergeschlagen zu scheinen. Dauriat begleitete die beiden Freunde in den Laden, wobei er von seiner Zeitung und der Lousteaus sprach. Lucien spielte nachlässig mit dem Manuskript der ›Margeriten‹.
›Du glaubst, Dauriat hat deine Sonette gelesen oder lesen lassen?‹ flüsterte ihm Etienne ins Ohr.
›Ja‹, sagte Lucien.
›Sieh dir das Siegel an.‹

9 Ibid., S. 384f.

> Lucien stellte fest, daß der Tintenstrich und der Bindfaden sich vollkommen deckten.«[10]

Um seine Meinung zu präzisieren, braucht Dauriat nur die weiter oben gemachten Kommentare weiterzuentwickeln, auch wenn er das Manuskript gar nicht aufgeschlagen hat:

> »›Welches Sonett hat Ihnen besonders gefallen?‹ fragte Lucien den Buchhändler, vor Wut und Zorn erbleichend. ›Sie sind alle ausgezeichnet, mein Freund‹, antwortete Dauriat, ›aber das von der Margerite ist deliziös, es schließt mit einem feinen, sinnreichen Gedanken. Ich habe darin den Erfolg gespürt, den Ihre Prosa haben muß.‹«[11]

★

Der Gedanke, dass es nicht nötig ist, ein Buch zu lesen, um darüber zu sprechen, wird an einer späteren Stelle des Dialogs zwischen Lucien und Lousteau noch einmal illustriert. Dieser schlägt seinem Freund vor, als Rache für die Beleidigung einen vernichtenden Artikel über das Buch von einem von Dauriats Schützlingen, Nathan, zu verfassen. Doch die Qualität des Buchs ist so offenkundig, dass Lucien nicht sieht, wie er es anstellen sollte, ihn zu kritisieren. Da erklärt ihm Lousteau lachend, es sei langsam an der Zeit, dass er sein Handwerk lerne, das dem eines Akrobaten ähnle

10 Ibid., S. 386
11 Ibid.

und darin bestehe, die Qualitäten eines Buches in Schwächen zu verwandeln, das heißt, ein Meisterwerk in »eine einfältige Nichtigkeit«[12].

Anschließend setzt ihm Lousteau die Methode auseinander, mit der man ein Buch, das man eigentlich für sehr gelungen hält, verreißen kann. Sie besteht darin, als Erstes die »Wahrheit« zu sagen und das Werk zu loben. Durch diese wohlwollende Einleitung gewinnt man das Vertrauen des Publikums, das den Kritiker als unparteiisch beurteilt und bereit ist, ihm zu folgen.

Als Zweites zeigt Lousteau auf, dass sich Nathans Werk in ein System einordnen lässt, das auf die ganze französische Literatur anwendbar ist. Typisch dabei ist ein exzessiver Gebrauch von Beschreibungen und Dialogen sowie eine Bildfülle, die auf Kosten des Denkens geht, das in den großen Werken der französischen Literatur stets entscheidend war. Walter Scott ist bestimmt ein bemerkenswerter Autor, doch »gibt es nur Platz für den Erfinder«, und sein Einfluss kann für seine Nachfolger verhängnisvoll sein.

Diese Gegenüberstellung einer »Literatur der Idee« und einer »Literatur des Bildes« wird also gegen Nathan gewendet, der nichts als ein Nachahmer ist und nur scheinbar Talent hat. Sein Werk mag zwar verdienstvoll sein, doch ist es auch gefährlich, denn es öffnet die Pforten zur Literatur der breiten Masse, indem es einen Haufen kleiner Autoren anregt, eine allzu leichte Form zu imitieren. Und diesem Verfall des Geschmacks soll Lucien nun Lousteau zufolge den Kampf ansagen, wie es die Schriftsteller tun, die der Invasion der Ro-

12 Ibid., S. 387

mantiker Widerstand leisten und die Schule Voltaires fortführen, indem sie den Gedanken gegen das Bild verteidigen.

Und Lousteau, dem die Vorschläge zur Vernichtung der Bücher noch lange nicht ausgehen, zeigt Lucien, dass es noch andere Lösungen gibt, wie zum Beispiel die der so genannten »grundlegenden Artikel«. Sie besteht darin, »das Buch zwischen zwei Versprechungen zu ersticken«[13], indem man im Titel eine Besprechung ankündigt, um sich dann aber in allgemeinen Betrachtungen zu verlieren und am Ende auf einen nächsten Artikel zu verweisen, der allerdings nie erscheinen wird.

★

Dieses letzte Beispiel scheint auf den ersten Blick ein wenig von den vorangehenden abzuweichen, da Lucien ja dazu aufgefordert wird, über ein gelesenes Buch zu schreiben. Doch das dargestellte Prinzip ist immer dasselbe, ob es sich um Nathans oder Luciens Werk handelt oder um die *Reise nach Ägypten*: Der Inhalt des Buches hat für das Gespräch, zu dem dieses Buch anregt, keine Bedeutung, und bei Balzac wird durch eine Art ultimatives Paradox oder aus Lust an der Provokation sogar die Lektüre wieder möglich.

Im Fall der drei genannten Bücher hat der Kommentar keinerlei Bezug zum Buch, wohl aber zu dessen Autor. Sein Wert, das heißt, sein Platz im literarischen System ist es, der den Wert des Buches bestimmt. Wie es Lousteau ganz klar zu Lucien sagt, kommt es sogar vor, dass nur der Verleger anvisiert wird: »In unserem Fall schreibst du keinen Artikel

13 Ibid., S. 390

gegen Nathan, sondern gegen Dauriat; es bedarf eines Schlages mit der Spitzhacke. Bei einem guten Werk reißt die Spitzhacke nichts ein, aber bei einem schlechten Werk dringt sie bis ins Herz: Im ersten Fall verletzt sie nur den Buchhändler, und im zweiten erweist sie dem Publikum einen Dienst.«[14]

Und dieser Platz ist außerordentlich mobil, was bedeutet, dass der Wert des Buches mit dem des Autors steigt und fällt. Lucien kann diese Erfahrung gleich an sich selbst machen, da es für ihn, sobald Dauriat seinen Artikel über Nathans Buch gelesen hat, ein Leichtes ist, seine Gedichtsammlung bei ihm unterzubringen, der Buchhändler begibt sich sogar eigens zu ihm nach Hause, um ihm ein Friedensangebot zu unterbreiten:

> »Er zog ein elegantes Portefeuille aus der Tasche, entnahm ihm drei Tausendfrancscheine, legte sie auf einen Teller und bot sie Lucien mit höfischer Miene an. ›Ist Monsieur zufrieden?‹
> ›Ja‹, sagte der Dichter, der sich beim Anblick dieser unerwarteten Summe von einer nie gekannten Seligkeit ergriffen fühlte.
> Lucien nahm sich zusammen, doch er hätte singen und springen mögen; er glaubte an die Wunderlampe, an die Zauberer, er glaubte schließlich an seinen Genius.
> ›Also gehören die ›Margeriten‹ mir?‹ sagte der Buchhändler. ›Aber Sie werden niemals eine meiner Veröffentlichungen angreifen.‹

14 Ibid., S. 390f.

›Die ›Margeriten‹ gehören Ihnen, doch meine Feder kann ich nicht verdingen, Sie gehört meinen Freunden, wie die ihre mir gehört.‹
›Aber Sie werden jetzt einer meiner Autoren. Alle meine Autoren sind meine Freunde. Sie werden also meinen Geschäften nicht schaden, ohne daß ich vorher über die Angriffe verständigt bin, damit ich ihnen vorbeugen kann.‹
›Einverstanden.‹
›Auf Ihren Ruhm‹, sagte Dauriat und erhob sein Glas.
›Ich sehe wohl, daß Sie die ›Margeriten‹ gelesen haben‹, meinte Lucien.«[15]

Dauriat lässt sich durch die Anspielung auf seine unterbliebene Lektüre der *Margeriten* kein bisschen aus der Fassung bringen, ist sie doch dadurch, dass der Autor des Buches in der Zwischenzeit ein anderer geworden ist, gegenstandslos geworden:

»›Mein Kleiner, die ›Margeriten‹ kaufen, ohne sie zu kennen, ist die größte Schmeichelei, die sich ein Buchhändler erlauben kann. In sechs Monaten werden Sie ein großer Dichter sein, es wird Ihnen nicht an Artikeln mangeln, man fürchtet Sie; ich werde nichts zu tun brauchen, um Ihr Buch zu verkaufen. Ich bin heute derselbe Kaufmann wie vor vier Tagen. Nicht ich habe mich geändert, sondern Sie: Vergangene Woche waren Ihre Sonette Kohlblätter für mich, heute hat Ihre Stellung sie zu Rosen werden lassen.‹

15 Ibid., S. 399

›Nun gut‹, sprach Lucien, den das fürstliche Vergnügen, eine schöne Mätresse zu besitzen, und die Gewißheit seines Erfolges spöttisch und wundervoll anmaßend machten, ›wenn Sie schon meine Sonette nicht gelesen haben, so haben Sie doch wenigstens meinen Artikel gelesen.‹

›Ja, mein Freund, wäre ich sonst so schnell gekommen? Er ist unglücklicherweise sehr gut, der schreckliche Artikel.‹«[16]

Doch Lucien ist mit seinen Desillusionierungen noch nicht zu Ende. Am selben Tag, am dem sein Artikel erscheint, erzählt ihm Lousteau, er habe eben den völlig verzweifelten Nathan getroffen, und der sei zu gefährlich, um ihn sich zum Feind zu machen. Er rät ihm also, »ihn mit Lob zu überschütten«[17]. Als Lucien sich wundert, dass man diesmal einen positiven Artikel über das Buch von ihm verlangt, das er gerade kritisiert hat, löst er bei seinen Freunden erneut Heiterkeit aus. Er erfährt, dass einer von ihnen in der Zeitungsredaktion vorbeigegangen ist und den Artikel mit einem wenig kompromittierenden C. gezeichnet hat. Jetzt also hindert Lucien nichts mehr daran, in einer anderen Zeitung einen anderen Artikel zu schreiben und diesmal mit einem L. zu unterschreiben.

Doch Lucien hat seiner jüngsten Meinung nichts hinzuzufügen. Nach Lousteau ist nun Blondet, ein anderer seiner Freunde, an der Reihe, ihm eine Lehre zu erteilen, indem

16 Ibid., S. 399f.
17 Ibid., S. 405

er ihm erklärt: »Mein Lieber, in der Literatur hat alles seine Licht- und seine Schattenseite; niemand kann es auf sich nehmen zu behaupten, welches die Schattenseite ist. Alles hat seine zwei Seiten auf dem Gebiet des Denkens. Die Ideen bestehen aus zwei Einheiten. Janus ist der Mythos der Kritik und das Symbol des Genies.«[18] Damit legt Blondet Lucien nahe, in diesem zweiten Artikel die gerade aktuelle Theorie anzugreifen, nach der es eine Literatur der Idee und eine Literatur des Bildes gebe, wo doch die höchste literarische Kunst ganz im Gegenteil die beiden zu verbinden wisse.

Und um das Maß voll zu machen, schlägt Blondet Lucien sogar vor, sich nicht auf die beiden – mit C. oder L. gezeichneten – Artikel zu beschränken, sondern noch einen dritten, diesmal unter dem Namen *de Rubempré* zu verfassen, der die beiden anderen miteinander versöhnt, und darin zu zeigen, dass die Heftigkeit der von Nathans Buch ausgelösten Diskussion ein Zeichen seiner literarischen Bedeutung ist.

⋆

In Balzacs Szene werden die Merkmale dessen, was ich virtuelle Bibliothek genannt habe, bis zur Karikatur gesteigert. In dem intellektuellen Mikrokosmos, den der Romancier beschreibt, zählt einzig die soziale Stellung der verschiedenen Akteure. Die Bücher an sich sind auf ein Schattendasein reduziert und tun nichts zur Sache, und niemand – weder Kritiker noch Verleger – nimmt sich auch nur die Mühe, sie zu

18 Ibid.

lesen, bevor er sich dazu äußert. Um sie geht es nicht, sie sind durch etwas Drittes ersetzt, das sich von dem instabilen Wechselspiel zwischen sozialen und psychologischen Mächten herleitet.

Wie in Lodges Erniedrigungsspiel bleibt in diesem Raum die Scham ein wesentliches Organisationselement, doch ist ihre Rolle hier ironischerweise genau umgekehrt. Nicht mehr der, der ein Buch nicht gelesen hat, ist von Erniedrigung und Demütigung bedroht, sondern der, der es gelesen hat, wird die Lektüre doch als degradierend betrachtet und einer Halbweltdame anvertraut. Noch immer aber organisiert sich der Raum, der trotz seines spielerischen Erscheinungsbildes eine große psychische Gewalt ausübt, um dieses Schamgefühl herum.

Bei Balzac wie bei Lodge geht es um Machtpositionen. Die Bedeutung der Macht bei der Beurteilung eines Werkes fällt umso mehr auf, als ihre Verbindung zum literarischen Wert direkt und unmittelbar ist. Eine positive Kritik trägt zur Macht bei, und umgekehrt garantiert die Macht positive Kritiken und sogar, wie in Luciens Fall, die Qualität des Textes selbst.

In gewisser Weise stellt das von Balzac beschriebene Universum die Kehrseite von Lodges Welt dar. Während das Milieu des amerikanischen Akademikers vom Tabu des Nichtlesens geprägt ist – sodass sich jemand, der sich darauf beruft, aus dem kulturellen Raum ausschließt –, ist die Übertretung bei Balzac allgemein verbreitet und wird gar die Regel, sodass schließlich das Lesen, das als erniedrigend angesehen wird, mit einer Art Tabu behaftet ist.

Die Überschreitung ist hier doppelter Ordnung. Einerseits ist es nicht nur zulässig, sondern sogar empfehlenswert, von Büchern zu reden, ohne sie aufgeschlagen zu haben, und Lucien macht sich lächerlich mit seiner Meinung, es könnte vielleicht auch anders sein. Im Grenzfall gibt es gar keine Übertretung mehr, da es niemandem mehr in den Sinn kommt, ein Buch zu lesen; erst als jemand im literarischen Raum auftaucht, der mit den Gepflogenheiten der Journalisten nicht vertraut ist, wird die Hypothese des Lesens kurz in Erwägung gezogen, allerdings, um sie sofort wieder zu verwerfen.

Zu dieser ersten Übertretung aber kommt noch eine zweite hinzu, die damit zu tun hat, dass man über ein Buch jede Meinung äußern kann. Diese zweite Übertretung ist eine Variante der ersten: Wenn es überhaupt keinen Sinn hat, ein Buch aufzuschlagen, um darüber zu reden, dann, weil sämtliche Meinungen möglich und belegbar sind und weil das Buch, wenn es auf einen bloßen Gesprächsanlass reduziert wird, in gewisser Weise aufhört zu existieren.

*

Diese doppelte Übertretung ist Zeichen eines allgemeinen Verfalls, bei dem ein Buch oder ein Urteil so viel wert ist wie jedes andere, da alle Meinungen immer nur vorläufig sind. Aber die Beweisführung, die Luciens Freunde hier unternehmen, lässt, auch wenn sie etwas sophistisch anmuten mag, durchaus bestimmte Wahrheiten über das Lesen und unsere Gespräche darüber durchscheinen.

Die Haltung Lousteaus und Blondets, die Lucien zum Verfassen der widersprüchlichen Artikel ermutigen, wäre schockierend, wenn es sich in den beiden Artikeln um *das-*

selbe Buch handeln würde. Balzac aber suggeriert hier, dass es in den beiden Fällen nicht ganz miteinander vergleichbar ist. Zwar bleibt das materielle Buch mit sich selbst identisch, doch es stellt, sobald sich die Stellung Nathans im sozialen Raum verändert, nicht mehr denselben Bezugspunkt dar. Und auch bei Luciens *Margeriten* handelt es sich, hat der Autor erst eine gewisse soziale Stellung erlangt, nicht mehr um genau dieselbe Gedichtsammlung.

In keinem der beiden Fälle verwandelt das Buch sich im materiellen Sinne, ist jedoch als Element der kollektiven Bibliothek Veränderungen unterworfen. Balzac lenkt unsere Aufmerksamkeit auf die Bedeutung des Kontextes, indem er diese Bedeutung zwar überzeichnet, damit aber seine bestimmenden Elemente umso deutlicher macht. Wenn man sein Interesse auf den Kontext richtet, so ruft man sich damit in Erinnerung, dass ein Buch nicht ein für alle Mal festgelegt ist, sondern einen wandelbaren Gegenstand darstellt, und dass diese Wandelbarkeit zum Teil den Machtbeziehungen geschuldet ist, die in seinem Umfeld im Spiel sind.

Wenn der Autor sich verändert und das Buch nicht mit sich selbst identisch bleibt, kann man dann wenigstens sagen, dass wir es mit demselben Leser zu tun haben? Nichts ist weniger sicher, wenn man sieht, wie schnell Lucien seine Meinung über Nathans Buch nach Lousteaus Kommentar ändert:

> »Lucien war verblüfft, als er Lousteau sprechen hörte: Bei den Worten des Journalisten fiel es ihm wie Schuppen von den Augen, er entdeckte literarische Weisheiten, die er nicht einmal vermutet hatte.

›Aber was du mir da sagst‹, rief er, ›ist vollkommen vernünftig und richtig.‹
›Könntest du sonst Nathans Buch widerlegen?‹ sagte Lousteau.«

Es braucht nur ein kurzes Gespräch mit Lousteau, damit Lucien sich eine andere Meinung über Nathans Buch bildet, und zwar ohne noch einmal einen Blick hineinzuwerfen. Es geht also nicht um das Buch als solches – da Lucien nicht wissen kann, was er empfinden würde, wenn er es noch einmal läse –, sondern um das, was im sozialen Umfeld darüber gesprochen wird. Und er hat sich diese neue Meinung so sehr zu eigen gemacht, dass er sie kaum mehr zu ändern vermag, als Lousteau ihm vorschlägt, einen zweiten, diesmal lobenden Artikel zu verfassen, und lieber darauf verzichtet mit der Begründung, er sei unfähig, jetzt zwei anerkennende Worte zustande zu bringen. Die Worte seiner Freunde stimmen ihn jedoch um und rufen ihm wieder seine ersten Empfindungen in Erinnerung:

»Am nächsten Morgen zeigte es sich, daß die Saat vom Vortage in seinem Kopf aufgegangen war, wie es bei allen kraftvollen Geistern geschieht, deren Fähigkeiten noch wenig beansprucht worden sind. Lucien verspürte Freude dabei, diesen neuen Artikel auszuarbeiten, er machte sich mit Hingabe daran. Unter seiner Feder begegneten sich die Reize, die aus dem Widerspruch hervorgehen. Er war geistvoll und spöttisch, er erhob sich sogar zu neuen Betrachtungen über das Gefühl, die Idee und das Bild in der Literatur. Mit Geschick und List fand er, um Nathan zu loben, zu seinen ersten Eindrücken bei der Lektüre [...] zurück.«[19]

Sodass man sich fragen kann, ob Luciens Angst sich vielleicht weniger auf die Wandlungsfähigkeit des Buches als auf seine eigene innere Unbeständigkeit bezieht, die er nach und nach entdeckt. Er kann die verschiedenen geistigen und psychischen Positionen, die ihm Blondet vorschlägt, völlig unbeschadet einnehmen, nacheinander und vielleicht sogar gleichzeitig. Weniger die Verachtung seiner Freunde für die Bücher ist hier destabilisierend als seine eigene Untreue gegenüber den anderen und sich selbst, eine Untreue, die übrigens auch der Grund für seinen Fall sein wird.[20]

⋆

Anerkennen, dass Bücher nicht aus fixen Texten bestehen, sondern wandelbare Objekte sind, ist in der Tat verunsichernd, spiegelt es doch unsere eigene Unsicherheit wider und konfrontiert uns so mit unserem Wahnsinn. Wenn wir aber, noch ungehemmter als Lucien, das Risiko dieser Konfrontation eingehen, können wir den Büchern in ihrer ganzen Vielfalt gerecht werden und gleichzeitig den verzwickten Kommunikationssituationen aus dem Weg gehen, mit denen das Leben uns aufwartet.

Die Wandlungsfähigkeit eines Textes ebenso wie unsere eigene zu erkennen, ist in der Tat ein großer Vorteil, verschafft es uns doch eine große Freiheit, gegenüber anderen

19 Ibid, S. 410f.
20 Nachdem er erst mit den Liberalen gebrochen hat, versucht sich Lucien den Royalisten anzunähern und verdirbt es sich schließlich mit allen.

unsere Meinung durchzusetzen. Balzacs Helden zeigen sehr schön, wie außerordentlich anpassungsfähig die virtuelle Bibliothek ist und mit welcher Leichtigkeit sie sich den Forderungen dessen beugt, der, ob er das Buch nun gelesen hat oder nicht, entschlossen ist, sich nicht von den Bemerkungen sogenannter Leser von der Richtigkeit seiner Sicht der Dinge abbringen zu lassen.

Drittes Kapitel

BÜCHER ERFINDEN

in dem man in einem Buch Sosekis den Rat einer Katze und eines Ästhetikers mit Goldbrille bekommt, die beide, in unterschiedlichen Bereichen, die Notwendigkeit des Erfindens vertreten

WENN EIN BUCH WENIGER EIN BUCH als eine komplexe Gesprächssituation ist, innerhalb derer es zirkuliert und sich verändert, so muss man also für diese Situation empfänglich sein, um treffend über ein nicht gelesenes Buch zu sprechen. Denn es geht nicht um das Buch, sondern um das, was in einem Raum der Kritik, in dem es sich positioniert und unaufhörlich verwandelt, aus ihm geworden ist, und über diese wandlungsfähige Größe – ein bewegliches Beziehungsgeflecht zwischen Texten und Menschen – gilt es, im richtigen Augenblick die richtigen Gedanken zu formulieren.

Diese Verwandlung betrifft nicht nur den *Wert* der Bücher – von dem wir bei Balzac gesehen haben, wie schnell er sich mit der Stellung des Autors im politischen und literarischen Umfeld ändert –, sondern ebenso ihren *Inhalt*, der, genauso instabil, in einem Gespräch ganz unterschiedliche Variationen annehmen kann. Diese Wandlungsfähigkeit des Textes muss nicht als Nachteil betrachtet werden. Für jemanden, der sie sich zunutze zu machen weiß, bietet sie ganz im Gegenteil eine außerordentliche Möglichkeit, selbst zum Schöpfer ungelesener Bücher zu werden.

*

In dem Roman *Ich der Kater*[1], vielleicht sein bekanntestes Werk, betraut der japanische Schriftsteller Natsume Sôseki eine Katze mit der Erzählung des Buches, die ihre Autobiografie mit den Worten einleitet:

> »Gestatten, ich bin ein Kater! Unbenamst bislang.
> Wo ich geboren wurde, davon habe ich nicht die mindeste Ahnung. In Erinnerung geblieben ist mir lediglich, daß der Ort meiner Geburt düster und feucht war und ich kläglich vor mich hinmiaute. An diesem Ort sah ich erstmals einen *Menschen.* Aber was heißt schon: einen *Menschen*! Ich sah, wie ich später erfuhr, einen Studiosus, einen Angehörigen jener Species, welche unter den Menschen als die grausamste angesehen wird.«[2]

Bei seiner ersten Begegnung mit der menschlichen Art hat der Katzenerzähler des Romans, der während des ganzen Werks namenlos bleiben wird, kein Glück. Er gerät an einen Studenten, der ihn so sehr misshandelt, dass er eines Tages an einem unbekannten Ort aus einer Ohnmacht erwacht. Er schleicht sich in ein fremdes Haus, wo er vom Besitzer, einem Gymnasiallehrer, aufgelesen wird. *Ich der Kater*

1 UG ++
2 Natsume Sôseki, *Ich der Kater.* Aus dem Japanischen von Otto Putz, Frankfurt a. M. und Leipzig 1996, S. 7

ist der Erzählung seines Lebens in diesem Haus gewidmet, das er sich als Wohnort auserwählt hat.

Wenn auch die Perspektive des Katzenerzählers – die Perspektive eines Katers – in dem Buch dominiert und jede andere ausgeschlossen ist, so hat es der Leser im Grunde doch mit einem gemischten Blick auf die Welt zu tun. Der Erzähler ist kein unwissendes Tier, sondern ein mit besonderen Fähigkeiten ausgestatteter Kater, der zum Beispiel einem Gespräch folgen und sogar lesen kann.

Doch der Erzähler verleugnet seine Herkunft nicht und bleibt dem Katzenvolk verbunden. So nimmt er Beziehungen zu zwei anderen Katzen des neuen Viertels auf, zur Kätzin Schildpatt und zum Kater Schwarz. Letzterer ist Herr im Revier, in dem er sich durch seine Körperkraft Respekt verschafft. Doch er nimmt auch einen besonderen Platz ein, weil er das tierische Emblem für eine ganze Reihe von Romanfiguren, allesamt Aufschneider, darstellt. Die Prahlerei von Kater Schwarz spielt sich in verschiedenen, für Katzen wesentlichen Bereichen ab, einer davon betrifft die Zahl der gefangenen Mäuse, eine Domäne, in der er seine Leistungen kaltschnäuzig zu übertreiben pflegt.

⋆

Kater Schwarz hat unter den Menschen, die im Haus des Lehrers verkehren, einen Doppelgänger. Diese Figur, M., wird vom Katzenerzähler als *Ästhetiker mit Goldbrille* bezeichnet und hat die Eigenschaft, ständig irgendeinen Unsinn zu erzählen, einzig aus Spaß, die anderen an der Nase herumzuführen.

Zu Beginn des Buches also erzählt M. dem Lehrer, der

sich für Malerei interessiert und selbst zum Pinsel greifen möchte, von dem italienischen Maler Andrea del Sarto und legt ihm eine Theorie auseinander, nach der Letzterer empfohlen haben soll, so viel wie möglich nach der Natur zu malen und sich als Erstes im Skizzieren zu üben. Der Lehrer schenkt seinen Worten Glauben, hat aber mit seinen Malversuchen wenig Erfolg. Da verrät ihm der Ästhetikspezialist, dass er seine Äußerungen über del Sarto frei erfunden hat, weil es ihn amüsiert, mit der Leichtgläubigkeit der Leute zu spielen:

> »Der Spezialist für Ästhetik schien höchst entzückt. Ich verfolgte von der Veranda aus ihre Unterhaltung und konnte nicht umhin, mir schon einmal auszumalen, wie der heutige Tagebucheintrag meines Herrn lauten würde. Der Ästhetikspezialist ist ein Mann, der nur eine einzige Freude kennt: nämlich überall substanzlose Geschichten herumzuerzählen und damit die Leute auf den Arm zu nehmen. Er schien nicht im geringsten zu bedenken, welche Auswirkungen die Andrea-del-Sarto-Affäre auf das Gemüt meines Herrn haben konnte, denn selbstgefällig setzte er seine hurtige Zunge wieder in Bewegung:
> ›Nein, nein! Wenn ich von Zeit zu Zeit einen Scherz zum besten gebe und die Leute das für bare Münze nehmen, erregt das ein ästhetisches Gefühl von beträchtlicher Komik in mir, und das amüsiert mich. Kürzlich erzählte ich einem Studenten, daß Gibbon, auf den Rat von Nicholas Nickleby hin, aufhörte, sein epochales Monumentalwerk *Die Geschichte der Französischen Revolution* auf

französisch zu schreiben, und es auf englisch erscheinen ließ, und dieser Student, der ein geradezu idiotisch gutes Gedächtnis hat, wiederholte auf einem Vortragsabend der ›Literarischen Gesellschaft Japans‹ in vollem Ernst und wortwörtlich diese Geschichte. War sehr spaßig! An diesem Abend waren übrigens an die hundert Zuhörer anwesend, und die hingen ausnahmslos voller Andacht an seinen Lippen.«[3]

Die Geschichte, die der Ästhetiker erzählt, ist doppelt abstrus. Zum einen hätte Nicholas Nickleby, der eine fiktive Figur ist, einige Mühe, Edward Gibbon, einem tatsächlich existierenden englischen Historiker, Ratschläge zu erteilen. Und selbst wenn sie demselben Universum angehören würden, hätten sie sich kaum miteinander unterhalten können, da Nickleby zum ersten Mal im Jahr 1838 in der literarischen Welt in Erscheinung tritt, zu einem Zeitpunkt, als Gibbon bereits fünfzig Jahre tot ist.

Wenn der Ästhetiker in diesem ersten Beispiel Unfug erzählt, so kann man das für das zweite, das unsere Reflexion über die ungelesenen Bücher unmittelbar berührt, nicht behaupten:

»Und ich habe noch eine amüsante Geschichte für dich. Kürzlich war ich in Gesellschaft eines gewissen Literaten, und als das Gespräch auf Harrisons Geschichtsroman *Theophano*[4] kam, sagte ich, daß man unter Geschichtsro-

3 Ibid., S.24
4 QB –

> manen seinesgleichen nicht noch einmal finden würde. Als ich dann insbesondere die Szene, in der die Protagonistin stirbt, als eine Textpassage von atemberaubender Dämonie würdigte, nickte mir eine mir gegenübersitzende Persönlichkeit von Rang und Namen, die in ihrem ganzen Leben noch kein einziges Mal ›Davon habe ich keine Ahnung‹ gesagt hat, zustimmend zu und meinte, daß diese Stelle in der Tat nachgerade eine Perle der Prosakunst wäre. Wodurch hinwiederum *mir* klar wurde, daß dieser Mann, genauso wie ich selbst, niemals diesen Roman gelesen hatte.«[5]

Ein solcher Zynismus wirft mehrere Fragen auf; eine davon legt der Lehrer dem Ästheten auch sofort vor:

> »Mein Herr mit seiner Dyspepsie bekam ganz große Augen und fragte: ›Und was hättest du getan, wenn sich herausgestellt hätte, daß dein Gegenüber diesen Roman kannte, nachdem du diesen Unsinn verzapft hattest?‹ Das klang ganz so, als hätte er überhaupt nichts dagegen einzuwenden, daß jemand beschwindelt wurde; Sorgen schien er sich lediglich darüber zu machen, daß es peinlich werden könnte, wenn sich ein Schwindel als solcher entpuppt. Der Ästhetikspezialist blieb ungerührt. ›Was für eine Frage! Dann hätte ich eben zum Beispiel gesagt, daß ich das Buch mit einem anderen verwechselt habe!‹«[6]

5 Op. cit., S. 25
6 Ibid.

In der Tat verbietet uns niemand, wenn wir leichtsinnigerweise angefangen haben, über ein Buch zu reden, und unsere Worte in Zweifel gezogen werden, einen Rückzieher zu machen und zu behaupten, wir hätten uns getäuscht. Dem Ent-Lesen kommt eine so enorme Bedeutung zu, dass man sich ohne großes Risiko als Opfer einer dieser Gedächtnislücken darstellen kann, wie sie im Zusammenhang mit dem Lesen – wie dem Nichtlesen – von Büchern so häufig sind. Selbst das Buch, an das man sich noch am genauesten erinnert, ist in gewisser Weise ein Deckbuch, hinter dem sich unser inneres Buch verbirgt. Aber ist in diesem Fall das Eingeständnis seines Irrtums wirklich die beste Lösung?

*

Sosekis Text wirft in der Tat ein interessantes logisches Problem auf. Die Lüge des Ästhetikers mit Goldbrille bezieht sich auf den Tod der Heldin, und die seines Gegenübers entlarvt sich, zumindest dem Anschein nach, in dem Moment, als er, statt die Existenz der Szene in Harrisons Buch zu bestreiten, mit der Behauptung zustimmt, sie sei eine Perle der Prosakunst. Aber wie kann der Ästhetiker wirklich wissen, ob er einen Nichtleser vor sich hat, wenn er selbst den Roman nie gelesen hat?

Der Dialog zwischen zwei Nichtlesern desselben Buches in der von Soseki beschriebenen Situation hat also die Besonderheit, dass keiner von ihnen wissen kann, ob der andere lügt. Damit die Vorstellung der Lüge in einem Gespräch über Bücher Konturen gewinnen kann, muss wenigstens eine der Parteien das Buch kennen oder zumindest eine Vorstellung davon haben.

Doch stellt sich die Situation wirklich anders dar, wenn einer der beiden Gesprächspartner oder beide das Buch »gelesen« haben? Die Anekdote Sosekis hat wie das Wahrheitsspiel von Lodge das Verdienst, die erste der beiden Ungewissheiten der virtuellen Bibliothek in Erinnerung zu rufen, die sich auf die Kompetenz der Leser bezieht. Es ist schwierig, wenn nicht unmöglich, zu wissen, inwieweit unser Gegenüber ein Buch gelesen hat. Nicht nur, weil es kaum einen Bereich gibt, in dem so viel geheuchelt wird, sondern vor allem, weil die Gesprächspartner selbst nicht Bescheid wissen und sich etwas vormachen, wenn sie glauben, auf diese Frage eine Antwort zu haben.

So ist dieser virtuelle Raum ein Tummelfeld der Täuschungen, in dem die Beteiligten, bevor sie die anderen täuschen, vor allem sich selbst täuschen, da die Erinnerungen, die sie an Bücher haben, vor allem davon bestimmt sind, was in einer bestimmten Situation gerade auf dem Spiel steht. Und es hieße, die Ungewissheit des Leseaktes zu verkennen, wollte man, wie Lodges Hochschullehrer in seinem Wahn, jene, die das Buch gelesen haben, und jene, die es nicht kennen, in zwei Lager spalten. Eine Verkennung, die sowohl die sogenannten Leser betrifft, weil sie das Vergessen, das jede Lektüre begleitet, außer Acht lassen, als auch die sogenannten Nichtleser, weil diese den Schöpfungsprozess ignorieren, den jede Begegnung mit einem Buch bedeutet.

Sich von der Vorstellung lösen, dass der andere weiß – der andere, der genauso man selbst ist –, ist also eine Grundbedingung, um unter günstigen Voraussetzungen über Bücher zu reden, ob wir sie nun gelesen haben oder nicht. Es ist ein unsicheres Wissen, das in den Gesprächen über Bücher im Spiel ist, und der andere eine beängstigende Figur unserer selbst, die wir auf unseren Gesprächspartner projizieren, dieser Schimäre einer umfassenden Bildung entsprechend, die uns die Schule vermittelt und die uns am Leben und Denken hindert.

Diese Angst vor dem Wissen des anderen ist jedoch im Hinblick auf Bücher vor allem ein Hindernis für jede wahrhaftige Schöpfung. Die Vorstellung, dass der andere gelesen hat und also mehr weiß als wir, reduziert die kreative Tätigkeit auf einen Notbehelf, zu dem Nichtleser greifen, um sich aus der Affäre zu ziehen, während doch Leser wie Nichtleser, ob sie es wollen oder nicht, in einen unendlichen Prozess des Büchererfindens verstrickt sind und die wahre Frage somit nicht ist, wie man ihm am besten entkommt, sondern wie man seine Dynamik und Reichweite noch steigern kann.

*

Zu dieser ersten Unsicherheit über die Kompetenz der Gesprächspartner aber kommt noch eine zweite hinzu, die wir bereits bei Balzac entdeckt haben, sich hier aber noch akzentuiert, betrifft sie doch diesmal das Buch selbst. Wenn es schwierig ist, zu wissen, was der andere und was man selbst weiß, dann auch, weil es nicht so einfach ist, Klarheit darüber zu gewinnen, was überhaupt in einem Text steht. Und dieser Zweifel betrifft nicht nur, wie bei Balzac, seinen Wert, sondern erstreckt sich auch auf den »Inhalt«.

Ein Beispiel dafür ist Frederic Harrisons Roman *Theo-*

phano[7], der nach Ansicht des Ästhetikers mit Goldbrille Anlass sein könnte, sich selbst oder andere zu täuschen. Im Jahr 1904 veröffentlicht, gehört er einer Gattung an, die man als Genre des byzantinischen Romans bezeichnen könnte. Er setzt im Jahr 956 nach Christi ein, erstreckt sich bis 969 und erzählt den siegreichen Gegenangriff des Kaisers von Konstantinopel, Nikephoros Phokas, gegen den Islam.

Hier drängt sich die Frage auf, ob der Ästhetiker Märchen erzählt, wenn er das dramatische Ende der Heldin beschreibt, was übrigens auf die Frage hinausläuft, ob Soseki selbst von einem ungelesenen Buch spricht oder nicht. Kann man also sagen, dass die Heldin stirbt, und wenn ja, rührt ihr Tod so sehr, dass einem ein Schauer über den Rücken läuft?

Die Antwort ist nicht einfach. Zwar kommt die historische Figur, die als die eigentliche Heldin gilt – Theophano, die Gemahlin des Kaisers Nikephoros, den sie vergiften ließ –, nicht um, sie wird jedoch auf der letzten Seite des Buches gefangen genommen und des Landes verwiesen.[8] Es geht also tatsächlich um eine Art Tod oder zumindest Weggang, und ein Leser, der das Buch wirklich gelesen hat, kann die genauen Umstände dieser Beseitigung aufrichtig vergessen haben und sich nur noch daran erinnern, dass ihr ein Unglück zustößt, ohne dass man ihn deswegen des Nichtlesens bezichtigen könnte.

Das Problem wird aber noch komplizierter, wenn man bedenkt, dass es in dem Roman nicht nur eine, sondern zwei

7 FREDERIC HARRISON, *Theophano. The Crusade of the Tenth Century*, New York 1904

8 Ibid., S. 337

Heldinnen gibt. Die zweite, eine stille, positive Person, Prinzessin Agatha, zieht sich, als sie vom Kampfestod ihres Geliebten Basil Digenes erfährt – ein Gefährte des Kaisers Nikephoros –, in ein Kloster zurück. Die Stelle ist umso gelungener, als sie keinen allzu lyrischen Ergüssen stattgibt. Es gibt im Buch somit durchaus auch einen ergreifenden Weggang einer weiblichen Figur, und die vermeintliche Erinnerung an ihren Tod kann kaum als Kriterium für die Wahrscheinlichkeit dienen, ob der angebliche Leser das Buch auch wirklich gelesen hat.

Auf einer ganz anderen Ebene, auf der es nicht mehr um die konkrete Frage geht, ob die Heldin in *Theophano* stirbt oder nicht, rühmt der Ästhetikspezialist die Qualität der Stelle ganz zu Recht, denn in gewisser Weise ist sie, zumindest in Form einer nicht ausgeführten Möglichkeit, durchaus vorhanden. Es gibt nur wenige Abenteuerromane aus jener Zeit, in der keine weibliche Figur vorkommt, und es ist schwer vorstellbar, wie man die Aufmerksamkeit des Lesers über längere Zeit aufrechterhalten könnte, ohne eine Liebesgeschichte einzubauen. Und wie sollte man dann die Heldin am Leben lassen, wenn man nicht eine Geschichte mit Happy End erzählen will, was der Literatur im Allgemeinen nicht sehr gut bekommt?[9]

Es ist also doppelt schwer zu wissen, ob der Ästhetiker *Theophano* gelesen hat oder nicht. Zum einen ist die Behauptung gar nicht so falsch, dass es um den Tod einer Heldin geht, auch wenn der Begriff Weggang vielleicht eher an-

9 In der Weltliteratur sind die Bücher gar nicht zu zählen, in denen der Tod der Heldin eine der schönsten Stellen darstellt.

gebracht wäre. Außerdem beweist die Tatsache, dass man sich in diesem Punkt irrt, noch lange nicht, dass man das Buch nicht gelesen hat, da das Phantasma vom Tod der Heldin so prägnant ist, dass es ganz normal ist, es nach der Lektüre mit dem Buch zu verbinden und in gewisser Weise zu dessen integralem Bestandteil zu machen.

So sind die Bücher, über die wir sprechen, nicht nur reale Gegenstände, die durch eine imaginäre vollständige Lektüre in ihrer objektiven Materialität wieder aufgefunden werden könnten, sondern immer auch *Phantombücher*, die am Kreuzungspunkt der unvollendeten Möglichkeiten jedes Buches und unseres Unbewussten in Erscheinung treten und unsere Träume und Gespräche mit Sicherheit noch mehr anregen als die realen Gegenstände, aus denen sie rein theoretisch hervorgegangen sind.[10]

★

Wie wir sehen, eröffnet die Diskussion über ein Buch einen Raum, in dem die Begriffe von wahr und falsch ganz im Gegensatz zur Meinung des Ästhetikers mit Goldbrille viel von ihrer Gültigkeit verlieren. Als Erstes ist es schwierig, mit Sicherheit zu wissen, ob man ein Buch gelesen hat oder nicht, da die Lektüre immer auch ein Ort des Auslöschens ist. Darüber hinaus ist es beinahe unmöglich herauszufinden, ob es

10 Als dritter Buchtyp, den ich hier einführen möchte, ist das *Phantombuch* dieser unfassbare, wandelbare Gegenstand, den wir in mündlichen oder schriftlichen Äußerungen heraufbeschwören, wenn wir von einem Buch sprechen. Es steht am Kreuzungspunkt der unterschiedlichen *Deckbücher*, welche die Leser ausgehend von ihren *inneren Büchern* konstruieren. Das Phantombuch gehört zur virtuellen Bibliothek unserer Gespräche, wie das Deckbuch zur kollektiven und das innere Buch zur inneren Bibliothek.

die anderen gelesen haben, was als Erstes voraussetzen würde, dass sie selbst diese Frage beantworten können. Und zu guter Letzt ist der Inhalt eines Textes ein derart verschwommener Begriff, dass man eigentlich gar nicht mit Sicherheit behaupten kann, dass etwas nicht darin vorkommt.

Der virtuelle Raum des Gesprächs über Bücher ist also von einer großen Unbestimmtheit geprägt, sowohl in Bezug auf die Akteure dieser Szene, die unfähig sind, genau zu sagen, was sie gelesen haben, als auch, was den wandelbaren Diskussionsgegenstand selbst betrifft. Diese Unbestimmtheit aber hat nicht nur Nachteile. Sie bietet, wenn die diversen Bewohner dieser flüchtigen Bibliothek die Gelegenheit nutzen und sie in einen authentischen Raum der Fiktion zu verwandeln wissen, auch eine große Chance.

Dass die virtuelle Bibliothek unserer Gespräche über Bücher der Fiktion zuzurechnen ist, darf nicht etwa abwertend verstanden werden. Tatsächlich kann sie, wenn ihre Bewohner die Gegebenheiten respektieren, der Ort einer originalen Schöpfung sein. Ein solcher kreativer Akt kann von dem Widerhall ausgelöst werden, den das Erwähnen des Buches bei seinen Nichtlesern auslöst. Dieser Prozess kann sowohl individueller als auch kollektiver Natur sein. Sein Ziel ist es, auf der Grundlage des jeweiligen Echos dasjenige Buch zu konstruieren, das der jeweiligen Situation, in der sich die Nichtleser befinden, am besten entspricht. Ein Buch, das zwar nur schwache Verbindungen mit dem Original unterhält (wie sollte man sich dieses im Übrigen vorstellen?), einem hypothetischen Treffpunkt zwischen den diversen inneren Büchern aber so nah wie nur möglich kommt.

In einem anderen seiner Romane, *Das Graskissen-Buch*[11], stellt uns Soseki einen Maler vor, der sich in die Berge zurückgezogen hat, um mit seiner Kunst ins Reine zu kommen. Eines Tages betritt die Tochter seiner Wirtin das Arbeitszimmer und fragt ihn, als sie ihn mit einem Buch in der Hand sieht, was er da lese. Der Maler antwortet ihr, er wisse es selbst nicht, denn seine Methode bestehe darin, ein Buch einfach an irgendeiner Stelle aufzuschlagen und die entsprechende Seite zu lesen, ohne den Rest zu kennen.[12] Als der Maler die Überraschung des Mädchens bemerkt, erklärt er ihr, dass dieses Vorgehen für ihn interessanter sei: »Ich öffne das Buch so, wie ich ein Los ziehe, und lese aufs Geratewohl das, was ich gerade vorfinde – genau das ist reizvoll!«[13]

Da bittet ihn die junge Frau um eine Kostprobe, er willigt ein und übersetzt ihr laufend die betreffenden Stellen des englischen Buches, das er in der Hand hat, ins Japanische. Es geht um einen Mann und eine Frau, über die man nichts weiß, außer dass sie sich in Venedig auf einem Schiff befinden. Auf die Frage seiner Gefährtin, die neugierig ist, wer diese Figuren sind, antwortet der Maler, er habe keine Ahnung, denn er habe das Buch nicht gelesen und wolle es auch gar nicht wissen:

»›Wer waren wohl jener Mann und jene Frau?‹
›Das weiß ich auch nicht. Eben das ist das Faszinierende! Ihr bisheriges Verhältnis mit allem Drum und Dran ist

11 UB ++
12 Natsume Sôseki, *Das Graskissen-Buch*. Aus dem Japanischen übers. und mit einem Nachwort vers. von Christoph Langemann, Berlin 1996, S. 127
13 Ibid., S. 129

> völlig unwesentlich! Es zählt einzig und allein die Tatsache, daß sie, wie jetzt Sie und ich, am selben Ort zusammen sind, meinen Sie nicht auch?‹«[14]

Worauf es in einem Buch ankommt, liegt außerhalb von ihm, es ist der Moment des Gesprächs, zu dem es Anregung oder Mittel ist. *Das Gespräch über ein Buch betrifft weniger das Buch als die Zeit des Gesprächs darüber.* Es geht hier nicht um die Beziehung der beiden Buchgestalten, sondern um die des »Leserpaares«. Und je weniger das Buch sie dabei stört, je vager es bleibt, umso besser können die beiden miteinander kommunizieren. Nur so haben die inneren Bücher eine Chance, wie in der ausgedehnten Zeit des Films *Und täglich grüßt das Murmeltier*, für einen kurzen Augenblick mit anderen zusammenzutreffen.

⋆

Man sollte also bei jedem Buch, das uns der Zufall in die Hände spielt, darauf achten, es nicht durch allzu genaue Behauptungen einzuengen, sondern es vielmehr in seiner ganzen Vielstimmigkeit begrüßen, um sich keine seiner Möglichkeiten entgehen zu lassen. Und das, was das Buch bietet – Titel, Fragment, wahres oder falsches Zitat –, wie hier das Bild des Paares auf dem Schiff in Venedig, für sämtliche Beziehungen zu öffnen, die in diesem ganz bestimmten Augenblick zwischen Menschen möglich sind.

Diese Ambiguität erinnert an die Interpretation im psychoanalytischen Raum. Nur weil diese unterschiedliche

14 Ibid., S. 131

Möglichkeiten bietet, besteht eine Chance, vom Subjekt, an das sie sich richtet, verstanden zu werden, während sie bei allzu großer Eindeutigkeit als eine Form von Gewalt erlebt werden könnte. Und genau wie die analytische Interpretation ist eine Äußerung zu einem Buch stark abhängig von dem spezifischen Augenblick, in dem sie gemacht wird, und hat nur in diesem Moment überhaupt einen Sinn.

Soll er wirklich aussagekräftig sein, muss der Kommentar zu einem ungelesenen Buch das bewusste, rationale Denken ausklammern, damit eine Schwebesituation entsteht, die auch hier wieder an den Raum der Psychoanalyse denken lässt. Was wir über unsere persönliche Beziehung zum Buch sagen können, wird umso überzeugender sein, wenn wir nicht zu viel nachdenken und dem Unbewussten in uns Raum geben, das für diese privilegierte Zeit, in der die Sprache sich öffnet, die geheime Bande andeutet, die uns mit dem Buch und über diesen Weg mit uns selbst verbindet.

Diese Mehrdeutigkeit ist kein Widerspruch zu der Notwendigkeit, an die Balzac erinnert, entschieden aufzutreten und seine Ansicht über das Buch durchzusetzen. Sie ist eher seine Kehrseite. Sie macht deutlich, dass man die Besonderheiten dieses Sprachraums und die Einzigartigkeit jedes Sprechenden wahrgenommen hat. Wenn jeder von einem Deckbuch spricht, dann ist es gut, wenn man den gemeinsamen Raum nicht zerstört und den anderen wie uns selbst durch die Phantombücher, die in unseren Gesprächen herumspuken, die Möglichkeit zum Nichtlesen und Träumen zugesteht.

*

Man darf also ruhig davon ausgehen, dass ich nichts erfunden habe, als ich weiter oben beschloss, die Bibliothek aus *Der Name der Rose* vor dem Feuer zu retten, Rollo Martins und die Gefährtin von Harry Lime miteinander zu verkuppeln oder den unglückseligen Helden David Lodges in den Selbstmord zu treiben. Ereignisse, die zwar nicht direkt durch die Texte belegt sind, für mich aber wie alle anderen, die ich dem Leser über die erwähnten Bücher vorgelegt habe, einer logischen Wahrscheinlichkeit entsprechen und somit wesentlich zu ihnen gehören.

Bestimmt könnte man mir vorwerfen, dass ich wie der Ästhetiker mit Goldbrille über Bücher spreche, die ich nicht gelesen habe, oder Ereignisse erzähle, die streng genommen nicht darin vorkommen. Ich hatte jedoch nicht das Gefühl, zu lügen, sondern eher jedes Mal eine Art subjektiver Wahrheit auszudrücken, indem ich so genau wie möglich beschrieb, was ich davon wahrgenommen habe, treu mir selbst gegenüber und aufmerksam für den Augenblick und die Umstände, in denen es mir angebracht schien, mich auf sie zu berufen.

Viertes Kapitel

VON SICH SPRECHEN

in dem man mit Oscar Wilde zur Schlussfolgerung gelangt, dass die angemessene Lesedauer eines Buches zehn Minuten beträgt, da man sonst vergessen könnte, dass die Begegnung mit einem Text hauptsächlich eine Anregung ist, seine Autobiografie zu schreiben.

DIE VERPFLICHTUNG, über ungelesene Bücher zu reden, soll also nicht negativ, mit Angst und Gewissensbissen erfahren werden. Für jemanden, der sie positiv zu nehmen versteht, der es schafft, die Last der Schuldgefühle abzuwerfen und sich der konkreten Situation mit ihren vielfältigen Möglichkeiten zuzuwenden, dem bietet sie mit der Öffnung der virtuellen Bibliothek einen authentischen Raum der Kreativität, den es in seiner ganzen Vielfalt anzunehmen gilt.

Das jedenfalls ist die Lehre, die sich aus den Texten ziehen lässt, die Oscar Wilde dem Thema gewidmet hat. Diese richten sich in erster Linie auf eine ganz bestimmte Situation, in der über ungelesene Bücher gesprochen wird, nämlich auf die Literaturkritik; seine Anregungen aber lassen sich problemlos auf andere ausweiten wie zum Beispiel auf Gespräche in Gesellschaft oder im universitären Bereich.

★

Oscar Wilde, einer der größten Leser überhaupt und ein Mann von umfassender Bildung, war gleichzeitig ein entschiedener Nichtleser, der um die Risiken wusste, welche das Lesen für einen kultivierten Menschen bereithält, und lange vor Musil oder Valéry den Mut hatte, vor diesen Gefahren zu warnen.

Einer der wichtigsten Beiträge Wildes zur Auseinandersetzung mit dem Nichtlesen findet sich in einem Artikel, den er für die Zeitung *Pall Mall Gazette* verfasste, für die er regelmäßig schrieb, ein Artikel mit dem Titel »*To read or not to read*«[1], in dem er völlig neue Wege eröffnet. Als Antwort auf eine Umfrage nach den hundert besten Büchern, die zu empfehlen sind, schlägt Wilde vor, die Gesamtheit der kollektiven Bibliothek in drei Teile zu gliedern.

Die erste Gruppe umfasst die Bücher, die man lesen sollte, eine Kategorie, in die Wilde die Briefe Ciceros, Sueton, die Lebensbeschreibungen Vasaris[2], die Autobiografie von Benvenuto Cellini[3], John Mandeville und Marco Polo, die Memoiren von Saint-Simon[4], Mommsen sowie die Geschichte Griechenlands[5] von Grote einordnet. Die zweite, ebenso wenig überraschende Kategorie enthält die Bücher, die es lohnen, ein zweites Mal gelesen zu werden, so zum Beispiel die Platons oder von Keats. Im »Bereich der Poesie« legt uns Wilde »die Meister, nicht die Minnesänger« ans Herz, in jener der Philosophie »die Forscher, nicht die Gelehrten«.[6]

1 Oscar Wilde, *Selected Journalism*, UB ++, Oxford 2003, S. 12
2 UB +
3 UB +
4 QB ++
5 UB -
6 Op.cit., p.12

Diesen alles in allem recht gewöhnlichen Kategorien fügt Wilde eine dritte, schon etwas erstaunlichere hinzu. Sie beinhaltet die Bücher, vor denen der Öffentlichkeit unbedingt abgeraten werden muss. Für Wilde ist eine solche Abschreckungstätigkeit von großer Bedeutung und müsste sogar offizieller Auftrag der Universitäten sein. »Dieser Auftrag«, schreibt er, »ist außerordentlich wichtig in einer Epoche wie der unseren, in einer Epoche, die so viel liest, dass sie nicht die Zeit zum Bewundern hat, und so viel schreibt, dass sie nicht die Zeit zum Nachdenken hat. Wer aus dem Sammelsurium unserer modernen Listen ›die hundert schlechtesten Bücher‹ bestimmt, erweist der jungen Generation einen wirklichen und dauerhaften Dienst.«[7]

Leider hat uns Wilde die Liste dieser hundert Bücher, von denen man die Studenten fernhalten sollte, nicht hinterlassen. Doch die Liste ist weit weniger wichtig als der Gedanke, dass das Lesen nicht nur ein wohltuender Prozess ist, sondern sich als verhängnisvoll erweisen kann. So verhängnisvoll, dass die Reihe der zu verbietenden Bücher in anderen Texten endlos fortgeführt wird und man sich schließlich nicht mehr vor hundert in Acht nehmen soll, sondern vor den Büchern insgesamt, da die Lektüre als solche als wahre Bedrohung empfunden wird.

★

Der wichtigste Text Wildes über sein Misstrauen gegenüber dem Lesen heißt »Kritik als Kunst«[8]. Als ein Dialog in zwei

7 Ibid.
8 Oskar Wilde. *Kritik als Kunst*, QB ++. Deutsch von Felix Paul Greve, Berlin 1987

Teilen angelegt, werden zwei Figuren, Ernest und Gilbert, in Szene gesetzt, wobei es vermutlich Letzterer ist, der die Position des Autors am deutlichsten zum Ausdruck bringt.

Die erste von Gilbert entwickelte These zielt darauf ab, eine Behauptung von Ernest zu widerlegen, nach der es in den besten Zeiten der Kunst wie in der griechischen Antike keine Kunstkritik gegeben habe. Gilbert weist diesen Gedanken zurück und zitiert Beispiele wie die *Poetik* des Aristoteles, um darauf hinzuweisen, dass die Schöpfung bei den Griechen von einer allgemeinen Auseinandersetzung über die Kunst nicht zu trennen war und die Schöpfer schon damals als Kritiker in Erscheinung traten.

Diese Behauptung dient als Einleitung in eine Abhandlung, in der Gilbert aufzeigt, dass künstlerische und kritische Schöpfung alles andere als unabhängig voneinander sind, sondern in Wirklichkeit eng miteinander verknüpft:

> »ERNEST: Ich bin auch bereit, zuzugeben, daß ich in allem unrecht hatte, was ich über die Griechen sagte. Wie du sagst: sie waren ein Volk von Kunstrichtern. Ich gebe das zu, und ich bedaure sie ein wenig. Denn die schöpferische Kraft steht über der kritischen. Man kann sie eigentlich gar nicht vergleichen.
>
> GILBERT: Der Gegensatz zwischen beiden ist ganz willkürlich. Es gibt gar kein künstlerisches Schaffen, das den Namen verdiente, ohne kritische Tätigkeit. Du sprachst vorhin von jenem feinen und zarten Sinn für Unterscheidung und Auswahl, durch den der Künstler das Leben für uns umschafft und ihm auf Augenblicke

> Vollkommenheit leiht. Nun, dieser Sinn für Auswahl, dieser feinfühlige Takt im Weglassen ist nichts anderes als der kritische Geist in einer seiner eigensten Offenbarungen, und wer ihn nicht besitzt, kann nie etwas Künstlerisches schaffen.«[9]

Die künstlerische Schöpfung kann also nicht von der kritischen getrennt werden, und es gibt keine große Schöpfung, die nicht auch einen Teil von Kritik beinhalten würde, wie das Beispiel der Griechen zeigt. Das Gegenteil aber trifft genauso zu, auch die Kritik ist eine Form von Kunst:

> » ERNEST: Du sprachst von der Kritik als einem wesentlichen Teil des schöpferischen Geistes, und ich stimme dir jetzt bei. Wie aber steht es mit der Kritik ohne die schaffende Kraft? Ich habe die dumme Gewohnheit, Zeitschriften zu lesen, und mir scheint, alle moderne Kritik ist gänzlich wertlos.«[10]

Um die Kritiker gegen diesen Vorwurf der Bedeutungslosigkeit zu verteidigen, behauptet Gilbert, sie seien sogar viel gebildeter als die Autoren, über die sie berichten, denn die Kritik verlange unendlich viel mehr Wissen als die künstlerische Schöpfung. Und im Rahmen dieser Verteidigung der Kritik als Kunst nun erfolgt eine erste Apologie des Nichtlesens:

9 Ibid., S. 22f.
10 Ibid., S. 25

»Man sagt ihnen bisweilen nach, sie läsen die Bücher gar nicht durch, die sie besprechen sollten. Das tun sie nicht, sollten es wenigstens nicht tun. Täten sie es, sie würden ihr ganzes Leben zu Menschenhassern. Es ist auch gar nicht nötig. Um Lage und Wert eines neuen Weines zu bestimmen, braucht man kein Faß leerzutrinken. Es sollte doch leicht genug sein, nach einer halben Stunde zu entscheiden, ob ein Buch etwas taugt oder nicht. Wer Formensinn hat, hat an zehn Minuten genug. Wer möchte durch einen Band voll Langeweile waten? Man nimmt eine Probe und ist fertig, sollte ich meinen, mehr als fertig.«[11]

Die Behauptung, zehn Minuten genügten, um ein Buch kennenzulernen, ist eingebettet in eine Apologie der Kritiker, die aufgrund ihrer Bildung imstande seien, das Wesentliche eines Buches rasch zu erfassen. Seine Forderung des Nichtlesens, das mit einem von Spezialisten erworbenen *Können* zu tun hat, einer besonderen Fähigkeit, das Wesentliche zu erfassen, taucht also nur indirekt auf und scheint eine Nebenrolle zu spielen. Doch der weitere Text lässt durchblicken, dass es gleichzeitig um ein *Müssen* geht, dass es für den Kritiker sogar ein wahres Risiko bedeutet, zu lange über einem Buch zu sitzen, über das er reden möchte, oder, wenn man so will, dass die Begegnung mit einem Buch nicht nur eine Frage der Zeit ist.

*

11 Ibid., S. 26

Tatsächlich führt die von Wilde betonte Verflechtung zwischen Kunst und Kritik im weiteren Text zu einem deutlich geäußerten Argwohn gegenüber dem Lesen.

Gilbert, der seine Apologie der Kritik mit der Behauptung fortsetzt, es sei schwieriger, über eine Sache zu reden, als sie zu tun, greift erst zu Beispielen aus der Geschichte und zeigt, dass den Dichtern, die die Taten der antiken Helden erzählt haben, größeres Verdienst zusteht als den Helden selbst: »Handeln? Was ist Handeln? Es ist nichts als gemeine Anbequemung an die Tatsachen! Die *Welt* schafft der Sänger für den Träumer.«[12]

Als Ernest ihm entgegnet, man laufe Gefahr, den Kritiker um so niedriger anzusetzen, wenn man den schöpferischen Künstler so hoch stelle, kommt Gilbert wieder auf seine Theorie der Kritik als Kunst zurück:

> »Aber ist denn die Kritik keine Kunst? Und noch mehr? Wie das künstlerische Schaffen die Tätigkeit des kritischen Geistes voraussetzt und ohne sie, kann man sagen, gar nicht vorhanden wäre, so ist wahrlich die Kritik schöpferisch im höchsten Sinne des Wortes. Ja, die Kritik ist sowohl schöpferisch wie unabhängig.«[13]

Entscheidend ist hier der Gedanke der *Unabhängigkeit*, denn er trennt die kritische Tätigkeit von der Literatur oder der Kunst, befreit sie von der zweitrangigen, einengenden

12 Ibid., S. 30
13 Ibid., S. 33

Funktion, in der sie die meiste Zeit gefangen ist, und räumt ihr eine wahre Autonomie ein:

> »Ja, unabhängig. Man darf die Kritik ebensowenig an dem niedrigen Maßstab der Nachahmung oder der Ähnlichkeit messen wie das Werk des Dichters oder Künstlers. Der Kritiker steht dem Kunstwerk so gegenüber wie der Künstler der sichtbaren Welt der Form und der Farbe oder der unsichtbaren Welt der Leidenschaft und des Gedankens. Er braucht nicht einmal den feinsten Stoff, um zur Vollkommenheit zu kommen. Alles dient seinem Zwecke.«[14]

Das besprochene Werk kann also völlig uninteressant sein, ohne damit der kritischen Tätigkeit zu schaden, da es nur eine Anregung ist:

> »Flaubert machte aus den unreinen oder sentimentalen Liebesgeschichten der albernen Frau eines kleinen Landarztes im schmutzigen Dorfe Yonville-l'Abbaye bei Rouen ein klassisches Buch und ein Meisterwerk des Stils; und ebenso kann ein wirklicher Kritiker aus den wertlosesten Stoffen – zum Beispiel den Bildern der letzten Akademie-Ausstellung, den Gedichten von Morris, den Romanen Ohnerts – sobald es ihm einfällt, seinen Blick darauf zu wenden –, ein Werk schaffen, das in Schönheit und sicherem Takt glänzend ist. Warum nicht? Langeweile lockt unwiderstehlich, selbst zu

14 Ibid.

> glänzen, und der Stumpfsinn bleibt ewig die Bestia triumphans, die die Weisheit aus ihrer Höhle lockt. Was ist der Stoff einem so schöpferischen Künstler wie dem Kritiker? Nicht mehr und nicht weniger als dem Dichter und Maler. Wie sie, findet er seine Anregungen überall. Wie man etwas behandelt, darauf kommt es an. Es gibt nichts, was nicht Anregung und Keime enthielte.«[15]

Das bezeichnendste unter den Beispielen, die Wilde anführt, ist sicher das über Flaubert, der mit *Madame Bovary*[16] ein Buch über die Bewohner von Yonville schrieb und sich gleichzeitig rühmte, ein »Buch über nichts« gemacht zu haben. Im Gegensatz zu dem, was die Bezeichnung Realismus, dem er oft zugeordnet wird, vermuten lässt, ist Flauberts Literatur in Bezug auf die Welt autonom und gehorcht ihren eigenen Gesetzen. Sie braucht sich nicht um die Wirklichkeit zu kümmern, auch wenn diese im Hintergrund präsent bleibt, sondern muss ihre Kohärenz in sich selbst finden.

Wenn Wilde auch mit der Verbindung zwischen Werk und Kritik nicht vollständig bricht, so wird diese doch spürbar gelockert, da das Werk auf den Rang eines Motivs reduziert wird und die Kritik danach beurteilt werden muss, wie sie dieses Motiv behandelt, und nicht, wie treu sie dem Text bleibt. Mit dieser Zweitrangigkeit des Gegenstands wird die Kritik in die Nähe der Kunst gerückt – die die Wirklichkeit auch nur als Anregung nehmen soll – und damit gleichzei-

15 Ibid.
16 QB und EB ++

tig die Überlegenheit der Kritik postuliert, welche die Kunstwerke so behandelt, wie diese die Wirklichkeit behandeln.

Aus dieser Perspektive *bezieht* sich die Kritik genauso wenig *auf* das Werk wie der Roman sich laut Flaubert auf die Wirklichkeit bezieht. Genau diesen Bezug zu hinterfragen, habe ich mir in diesem Essay zur Aufgabe gemacht, um das Schuldgefühl zu besänftigen, das mit seinem Vergessen einhergeht. Die zehn Minuten, die einem Buch zugestanden werden, haben entschieden das Weglassen dieses Bezugs zum Ziel, was die Kritik auf sich selbst zurück verweist, das heißt auf ihre Einsamkeit, aber auch, zum Glück, auf ihre Erfindungsgabe.

⋆

Literatur und Kunst werden vom Kritiker in dieselbe zweitrangige Position verwiesen wie die Natur durch den Schriftsteller oder Maler. Sie dienen ihm nicht als Gegenstand, sondern als Anreiz zum Schreiben. Der einzige und wahre Gegenstand der Kritik ist nicht das Werk, das ist man selbst.

Tatsächlich kann man nichts vom Wildeschen Kritik- und Lektürebegriff verstehen, wenn man das schöpferische Subjekt nicht richtig einordnet, das sich aus dieser Sicht in der ersten Reihe befindet:

> »Ja, ich gehe noch weiter: Die höchste Kritik gibt die reinste Form persönlichen Eindrucks und ist also in ihrer Art schöpferischer als das Schaffen selbst. Denn sie kann an keinem äußeren Maßstab gemessen werden. Sie ist

ihre eigene Ursache und ist, wie ein Grieche sagen würde, in sich und für sich ein Ziel und Ende.«[17]

Unter Umständen erreicht eine Kritik ihre Idealform, wenn sie gar keinen Bezug zum Werk mehr hat. Das Wildesche Paradox besteht darin, dass er aus der Kritik eine intransitive Tätigkeit ohne Vorlage macht, oder eher, dass er den Gegenstand radikal verlagert. Mit anderen Worten, sein Gegenstand ist nicht das Werk – jedes beliebige Werk ist geeignet, so wie bei Flaubert jede beliebige Kleinbürgerin aus der Provinz –, sondern der Kritiker selbst:

»Mich belustigt immer die Eitelkeit unserer Schriftsteller und Künstler, die da meinen, es sei des Kritikers erste Aufgabe, über ihr wertloses Zeug zu schwätzen.«[18]

Damit steht also die Kritik, nachdem sie die Bindung zu ihrem Werk, die es nur behindert, durchschnitten hat, schließlich jener literarischen Gattung am nächsten, die das Subjekt am besten zur Geltung bringt, das heißt der Autobiografie:

»Denn die höchste Kritik ist nichts anderes als ein Erzählen von seiner eigenen Seele. Sie ist bezaubernder als die Geschichte; denn sie befaßt sich nur mit dem Innern *eines* Menschen. Sie ist reizvoller als die Philosophie, da ihr Gegenstand kein abstrakter, sondern ein wirklicher ist, kein schweifend verschwimmender, sondern ein greif-

17 Op.cit., S. 34
18 Ibid., S. 34f.

barer. Sie ist die einzige würdige Form der Autobiographie.«[19]

Die Kritik ist das Erzählen seiner eigenen Seele, und diese Seele ist ihr eigentlicher Gegenstand, nicht die vergänglichen literarischen Werke, die dieser Suche als Grundlage dienen. Wie für Valéry stellt das literarische Werk auch für Wilde ein Hindernis dar, aber aus anderen Gründen. Bei Valéry hindert das Werk daran, das Wesentliche der Literatur zu erfassen, von der sie nur eine zufällige Erscheinung ist. Bei Wilde hingegen lenkt das Werk vom Subjekt ab, das doch die wahre Existenzberechtigung der Kritik ausmacht. Für beide aber bedeutet richtiges Lesen, dass man vom Werk Abstand nimmt.

*

Über sich selbst zu sprechen ist also die letztendliche Bestimmung, die Wilde der kritischen Tätigkeit zuschreibt, und es darf nichts unterlassen werden, um den Kritiker vor der Vereinnahmung durch das Werk zu schützen, damit er nicht von diesem Ziel abgebracht wird.

Denn aus Sicht Wildes kann sich das literarische Werk, das auf die Stellung einer Anregung reduziert werden sollte (»Für den Kritiker ist das Kunstwerk nur der Ausgangspunkt für ein neues, eigenes Werk, das nicht notwendig irgendeine sichtbare Ähnlichkeit mit dem besprochenen Werke zu haben braucht«[20]), wenn man nicht auf der Hut ist, leicht in ein Hindernis verwandeln. Nicht nur, weil viele moderne

19 Ibid., S. 34
20 Ibid., S. 38

Kunstwerke es nicht wert sind, dass man sich mit ihnen auseinandersetzt – dasselbe gilt für die großen Werke –, sondern weil eine allzu aufmerksame Lektüre, die das Interesse des Lesers vernachlässigt, ihn von sich selbst zu entfernen droht, während doch das Nachdenken über sich selbst, das allein die Kritik aufs Niveau der Kunst heben kann, sie erst rechtfertigt.

Sich das Werk vom Leib zu halten ist also ein Leitmotiv von Wildes Beschäftigung mit dem Lesen und der Literaturkritik. Er bringt es auf die provozierende Formel, die von seinem Werk an vielen Stellen illustriert wird: »Ich lese nie ein Buch, das ich besprechen muss. Man lässt sich so leicht beeinflussen.«[21] Wenn ein Buch den Leser zum Denken anregen kann, so kann es ihn doch auch gleichzeitig von dem abwenden, was sein Eigentümlichstes ist. Wildes Paradox gilt also nicht nur für die schlechten Bücher, es trifft sogar in noch stärkerem Maße für die guten zu. Wenn man sich zu sehr in ein Buch versenkt, das man besprechen will, läuft man Gefahr, das zu verlieren, was unser Eigenstes ist, zu irgendeinem hypothetischen Vorteil des Buches, aber zum eigenen Nachteil.

Das Paradox der Lektüre ist, dass der Weg zu uns selbst über das Buch geht, das Lesen aber ein Übergang bleiben muss. Ein guter Leser, der weiß, dass jedes Buch einen Teil seiner selbst beinhaltet und ihm den Weg zu sich zeigen kann, wenn er klug genug ist, sich nicht zu lange mit ihm aufzuhalten, begnügt sich mit einem *Schnelldurchgang durch die Bücher*. Und mit einem Schnelldurchgang dieser Art hatten

21 Zitiert nach ALBERTO MANGUEL, *Eine Geschichte des Lesens*, EB ++. Deutsch von Chris Hirte, Berlin 1998

wir es bei so unterschiedlichen und inspirierten Lesern wie Valéry, Rollo Martins oder bei gewissen meiner Studenten zu tun, die ein Teilelement eines Werkes, von dem sie nur eine ungefähre oder auch gar keine Vorstellung haben, herauspicken, um ihre eigenen Gedanken zu verfolgen, ohne sich um den Rest zu kümmern, und die also kaum Gefahr laufen, sich selbst aus den Augen zu verlieren.

Wenn man in den unterschiedlichen und komplexen Situationen, die wir analysiert haben, stets im Blick behält, dass das Wesentliche darin besteht, von sich zu reden und nicht von den Büchern, oder von sich durch die Bücher – was wahrscheinlich die einzige Art ist, angemessen über sie zu reden –, so stellt sich uns die Sache wesentlich anders dar, da es jetzt darum geht, auf der Grundlage einiger leicht zugänglicher Fakten den vielfältigen Berührungspunkten zwischen dem Werk und uns selbst zu ihrem Recht zu verhelfen. Der Titel des Buchs, sein Platz innerhalb der kollektiven Bibliothek, die Persönlichkeit dessen, der von ihm spricht, die Atmosphäre, die sich in einem mündlichen oder schriftlichen Meinungsaustausch einstellt, sind, neben vielen anderen Möglichkeiten, die Anregungen, von denen Wilde spricht und die es erlauben, von sich zu reden, ohne sich allzu lange mit dem Werk aufzuhalten.

Dieses verblasst ohnehin im Gespräch, um einem flüchtigen, halluzinatorischen Gegenstand Platz zu machen, einem Phantombuch, das fähig ist, sämtliche Projektionen in sich zu bündeln, und sich im Laufe der Diskussion immer weiter verändert. Da ist es doch besser, man nimmt es zum Anlass einer Arbeit an sich selbst und versucht, ausgehend von den wenigen verfügbaren Elementen und aufmerksam für das, was diese Bruchstücke Intimes oder Einmaliges über uns aussagen, die Fragmente seines inneren Buches zu schreiben. Es geht also letztlich darum, auf sich selbst zu hören und nicht auf das »reale« Buch – auch wenn dieses kurzfristig als Anregung dienen kann –, es geht darum, sich das Schreiben über sich selbst zur Aufgabe zu machen, in steter Wachsamkeit, sich durch nichts davon abbringen zu lassen.

Die Erfindung des für den jeweiligen Gesprächs- oder Schreibhintergrund angemessenen Buches wird umso überzeugender sein, wenn sie von der Wahrheit des Subjekts getragen wird und sich in sein inneres Universum einschreibt. Es ist nicht die Lüge in Bezug auf den Text, die wir fürchten müssen, sondern die Lüge in Bezug auf uns selbst. Die Tiv können nur deshalb eine so glaubwürdige Lektüre von *Hamlet* vorlegen, auch wenn sie völlig an Shakespeares Stück vorbeizugehen scheint, weil sie sich in ihren althergebrachten Glaubensvorstellungen so tief in Frage gestellt fühlen, dass sie fähig sind, das von ihnen erfundene Phantombuch vorübergehend mit einer Art Leben zu füllen.

*

Wir haben gesehen, dass der Diskurs über ungelesene Bücher über persönliche Äußerungen zur Selbstverteidigung hinaus für jemanden, der die Gelegenheit zu nutzen weiß, einen privilegierten Raum zur Selbstfindung eröffnet, ähnlich wie die Autobiografie. In einer solchen mündlichen oder schriftlichen Situation kann die Sprache, befreit von dem lästigen Zwang, sich auf die Welt beziehen zu müssen, im Überfliegen der Bücher das Mittel finden, von dem zu sprechen, was sich uns gewöhnlich entzieht.

Über die Möglichkeit der Selbstfindung hinaus stellt uns der Diskurs über ungelesene Bücher ins Zentrum eines schöpferischen Prozesses, da er uns zu dessen Ursprung zurückführt. Denn er macht das entstehende Schöpfersubjekt dadurch sichtbar, dass es den Sprechenden diesen Ausgangsmoment erleben lässt, in dem man sich selbst von den Büchern löst, in dem der Leser, der sich endlich vom Gewicht der Worte des anderen befreit, in sich selbst die Kraft findet, seinen eigenen Text zu schaffen und zum Schriftsteller zu werden.

NACHWORT

Die Analyse all der delikaten Situationen, denen wir in diesem Essay begegnet sind, hat uns gezeigt, dass wir, wollen wir ihnen gewachsen sein, nicht um einen psychologischen Entwicklungsprozess herumkommen werden. Um einen Entwicklungsprozess, der uns nicht nur dabei hilft, die Ruhe zu bewahren, sondern der uns zu einem tiefgehenden Umdenken über unseren Umgang mit Büchern führt.

Das heißt als Erstes, dass wir uns von einer ganzen Reihe meist unbewusster Verbote lösen müssen, die unsere Vorstellung von Büchern belasten und schuld daran sind, dass wir sie seit unserer Schulzeit als unantastbare Objekte denken und ein schlechtes Gewissen bekommen, sobald wir die geringste Änderung an ihnen vornehmen.

Die Aufhebung dieser Verbote ist die Voraussetzung dafür, uns diesem unendlich wandelbaren Gegenstand zu öffnen, den ein literarischer Text darstellt, der umso wandelbarer ist, wenn er zum Thema eines mündlichen oder schriftlichen Austauschs wird, bei dem er sich an der Subjektivität jedes Lesers und an seinem Dialog mit anderen belebt. Diese Offenheit bedeutet, dass man eine besondere Sensibilität für sämtliche Möglichkeiten entwickelt, die er in solchen Situationen transportiert.

Ohne diese Vorarbeit an sich selbst ist es auch nicht möglich, auf sich zu hören, auf die inneren Resonanzen, die jedes

Werk in uns auslöst und die tief in unsere eigene Lebensgeschichte reichen. Eine Begegnung mit ungelesenen Büchern wird umso bereichernder sein – und umso eher mitteilbar –, wenn man seine Inspiration in sich selbst schöpft.

Diese andere Aufmerksamkeit für Texte und für sich selbst erinnert an die, die man zu Recht von einer Psychoanalyse erwartet, deren erste Aufgabe darin besteht, den, der sich ihr unterzieht, von seinen inneren Zwängen zu befreien und ihn so, über einen Weg, über den er allein bestimmt, für die Vielfalt seiner schöpferischen Möglichkeiten zu öffnen.

*

Selbst schöpferisch zu werden, darauf laufen sämtliche Folgerungen aus unseren Beispielen hinaus, und ein solches Projekt steht allen offen, die sich durch einen inneren Prozess von jedem Schuldgefühl befreit haben.

Denn das Reden über nicht gelesene Bücher ist eine im wahrsten Sinne schöpferische Tätigkeit, nicht weniger respektabel, wenn auch diskreter, als manch andere, die sich einer größeren sozialen Anerkennung erfreuen. Dass alle Aufmerksamkeit gewöhnlich auf den traditionellen künstlerischen Praktiken ruht, hat zur Folge, dass weniger angesehene Tätigkeiten vernachlässigt, gar verkannt werden, weil sie von Natur aus eher in einer Art Untergrund ausgeübt werden.

Wie aber könnte man in Abrede stellen, dass das Reden über ungelesene Bücher eine schöpferische Tätigkeit darstellt, die dieselben Kräfte mobilisieren kann wie die anderen Künste? Um sich davon zu überzeugen, muss man nur an all die Fähigkeiten denken, die sie weckt, sei es die Aufmerksamkeit für die im Werk angelegten Möglichkeiten, das Analysieren des neuen Kontexts, in den es sich einschreibt, die Berücksichtigung der anderen Gesprächsteilnehmer und ihrer Reaktionen und nicht zuletzt das Gestalten einer packenden Erzählung.

Dieses Schöpferischwerden aber betrifft nicht nur den Diskurs über nicht gelesene Bücher. Auf einem höheren Niveau verlangt jede kreative Tätigkeit, was auch immer ihr Gegenstand ist, eine gewisse Ablösung von den Büchern. Denn wie es Wilde sehr schön zeigt, besteht eine Form von Antinomie zwischen Lesen und Schöpfung, da jeder Leser Gefahr läuft, sich im Buch eines anderen zu verlieren und sich damit von seiner eigenen Welt zu entfernen. Und wenn der Kommentar über die ungelesenen Bücher eine Form von Schöpfung ist, *bedeutet Schöpfung umgekehrt, dass man sich nicht allzu sehr mit den Büchern aufhalten soll.*

Selbst zum Schöpfer persönlicher Werke zu werden, stellt also die logische und erwünschte Weiterführung des Sprechenlernens über nicht gelesene Bücher dar. Diese Schöpfung bezeichnet einen weiteren Schritt in der Selbstfindung und in der Befreiung vom Gewicht der Bildung, welche für die, die nicht mit ihr umzugehen lernten, oft ein Hindernis darstellt: ein Hindernis zu leben und Werke zum Leben zu erwecken.

*

Wenn das Sprechenlernen über ungelesene Bücher ein erster Schritt ist, den Forderungen der Schöpfung zu begegnen, dann liegt eine besondere Verantwortung bei allen Lehrenden, nämlich, eine Praxis zu fördern, zu deren Vermittlung sie aufgrund ihrer persönlichen Erfahrung die besten Voraussetzungen haben.

Während nun aber unsere Studenten in ihrem Studium in die Kunst des Lesens und sogar des Redens über Bücher eingeführt werden, fehlt eigenartigerweise in den Lehrprogrammen das Sprechen über ungelesene Bücher, als wäre das Postulat, dass man ein Buch gelesen haben muss, um darüber zu reden, noch nie in Frage gestellt worden. Warum wundern wir uns also über ihre Bestürzung, wenn sie in einem Examen über ein Buch befragt werden, das sie nicht »kennen«, und sich als unfähig erweisen, aus eigenen Stücken etwas dazu zu sagen?

Da der Unterricht seine Rolle der Entsakralisierung, die ihm zukäme, nur halbherzig wahrnimmt, wagen es unsere Studenten nicht, *Bücher zu erfinden.* Gelähmt vom Respekt, den man den Texten angeblich schuldig ist, und dem Verbot, sie zu ändern, gezwungen, sie auswendig zu lernen oder zumindest zu wissen, was sie »enthalten«, verlieren viele Studenten ihre innere Fähigkeit zur Distanzierung und verbieten es sich, ihre Fantasie einzusetzen, sogar in Situationen, in denen diese ihnen ausgesprochen nützlich sein könnte.

Wenn man ihnen zeigt, dass sich ein Buch mit jeder Lektüre neu erfindet, gibt man ihnen ein Mittel an die Hand, unbeschadet und sogar gestärkt aus vielen schwierigen Situationen hervorzugehen. Denn die Fähigkeit, mit Scharfsinn über Dinge zu reden, die man nicht kennt, ist weit über das Universum der Bücher hinaus von Vorteil. Wer die von vielen Schriftstellern unter Beweis gestellte Fähigkeit beweist, die Verbindung zwischen dem Diskurs und seinem Gegenstand zu durchschneiden und über sich zu reden, dem steht die gesamte Kultur offen.

Damit öffnet man unsere Jugend dem Wesentlichen, der Welt der Schöpfung. Könnte man einem Studenten ein schöneres Geschenk machen, als ihn für die Kunst der Erfindung zu sensibilisieren, das heißt der Erfindung seiner selbst? Jeder Unterricht sollte darauf abzielen, Schülern dabei zu helfen, in Bezug auf literarische Werke genug Freiheit zu entwickeln, um selbst zu Schriftstellern oder Künstlern zu werden.

*

Aus all den in diesem Essay erwähnten Gründen werde ich für meinen Teil also weiterhin, ohne mich durch Kritik von meinem Weg abbringen zu lassen, beharrlich und gelassen über Bücher reden, die ich nicht gelesen habe.

Würde ich anders vorgehen und zum großen Haufen der passiven Leser stoßen, hätte ich das Gefühl, mich selbst zu verraten: Ich würde dem Milieu untreu, aus dem ich stamme, dem Weg, der mich durch viele Bücher führte, um zur eigenständigen Schöpfung zu gelangen, und der Verpflichtung, die ich heute spüre, anderen zu helfen, ihre Angst vor Bildung zu überwinden und sich von ihr frei zu machen, um endlich selbst mit dem Schreiben anzufangen.

Für die Abdruckgenehmigung der Zitate danken wir:

ROBERT MUSIL, *Der Mann ohne Eigenschaften*, in: Robert Musil, Gesammelte Werke, herausgegeben von Adolf Frisé, © 1978 by Rowohlt Verlag GmbH, Reinbek bei Hamburg
PAUL VALÉRY, *Zur Literatur*. Werke, Bd. 3, herausgegeben von Jürgen Schmidt-Radefeldt, © 1989 by Insel Verlag, Frankfurt am Main
UMBERTO ECO, *Der Name der Rose*. Aus dem Italienischen von Burkhart Kroeber, © 1982 by Carl Hanser Verlag, München
MICHEL EYQUEM DE MONTAIGNE, *Essais*. Erste moderne Gesamtübersetzung von Hans Stilett, © 1998 by Eichborn AG, Frankfurt am Main
SIGMUND FREUD, *Gesammelte Werke*, Band II/III. Die Traumdeutung. Über den Traum. © 1942 by Imago Publishing Co., Ltd., London. Alle Rechte vorbehalten S. Fischer Verlag GmbH, Frankfurt am Main
GRAHAM GREENE, *Der dritte Mann*. Aus dem Englischen von Fritz Burger und Käthe Springer, © 1994 by Paul Zsolnay Verlag, Wien
MARCEL PROUST, *Die wiedergefundene Zeit*. Werke, Bd. 7, herausgegeben von Luzius Keller. Aus dem Französischen von Eva Rechel-Mertens, © der deutschen Übersetzung 2004 by Suhrkamp Verlag, Frankfurt am Main
DAVID LODGE, *Schnitzeljagd*. Aus dem Englischen von Renate Orth-Guttmann. List, München 1985; *Ortswechsel*. Aus dem Englischen von Renate Orth-Guttmann. List, München 1986, © David Lodge, by arrangement with Curtis Brown Group, London & Agence Hoffman, München
HONORÉ DE BALZAC, *Die menschliche Komödie*. 20 Bände. 1959–1984. Band 9: Verlorene Illusionen. Aus dem Französischen von Udo Wolf, © Aufbau Verlagsgruppe GmbH, Berlin 1965 (die Ausgabe erschien erstmals 1965 im Aufbau-Verlag; Aufbau ist eine Marke der Aufbau Verlagsgruppe GmbH)
NATSUME SÔSEKI, *Ich, der Kater*. Aus dem Japanischen von Otto Putz, © 1996 by Insel Verlag, Frankfurt am Main
OSCAR WILDE, *Kritik als Kunst*. Aus dem Englischen von Paul Greve. Alexander Verlag, Berlin 1987

Titel der Originalausgabe: *Comment parler des livres que l'on n'a pas lus?*
Umschlaggestaltung: Michel Keller, München
Umschlagbild von Michael Sowa
Typografie + Satz: www.frese-werkstatt.de
Druck und Bindung: Clausen und Bosse, Leck
ISBN 978-3-88897-486-1